안녕 부탁해 오늘도

이가연
에세이

에필로그

엄마를 울리고 떠난 인생 첫 모험
40일간의 산티아고 순례길

항공권을 덜컥 사버렸다. 엄마는 출국일이 다가올 때까지 울었다. 엄마의 울음이 멈춘 건 떠나기 3일 전이었다.

문득 엄마가 더는 울지 않는 이유가 궁금해서 그 이유를 물었다.

"혹시 네가 그곳에서 잘못되어 다시 침대에 눕게 되더라도 통증을 잊을 만큼 기분 좋게 떠올릴 수 있는 추억 하나쯤은 있어도 괜찮겠다 싶었어."

기도 중에 그런 생각이 들어 더는 말리거나 울지 않기로 마음을 굳게 먹었다고 한다.

나는 암 환자다. 26살을 건너는 12월. 크리스마스에 암을 선물 받았다. 가족들에게는 날벼락 같은 소식이었다. 결혼 3년 만에 쌍둥이를 임신한 언니는 크게 축하받지 못했다. 나는 의외로 담담했다. 눈물도 나지 않았다. 우리 가족에게 닥칠 일이었다면 그게 나라서 차라리 감사하다고 기도했다.

그 당시 언니, 오빠는 결혼을 했거나 준비 단계였다. 엄마와 아빠는 그동안 고생하셨으니 가족 중에 아무것도 이루어 놓은 게 없는 나라서 혹여나 떠나게 된다 해도 미련 없을 거 같았다.

항암치료를 마치고 2년이 지나자 관해* 상태가 되었다. 완전 관해는 아니지만 이제 암의 재발 확률이 조금 떨어질 시기가 된 것이다. 나는 어디로든 떠나기로 계획을 잡았다. 머리카락이 1cm쯤 올라왔을 때 여권 사진을 찍었고, 어디로 갈지는 모르지만 일단 캐리어를 주문했다. 실용성은 떨어지지만 마냥 예쁘기만 한 캐리어.

어느 날 우연히 남자의 자격이라는 프로그램에서 지리

산 눈꽃 트레킹을 보았다. 오랫동안 실내 생활만 하던 나는 그곳의 코끝 시린 공기가 마냥 그리웠다. 그들처럼 턱 끝에 숨이 찰 때까지 걸어보고 싶다는 생각도 간절했다.

 항암치료 하면서 다리에 힘이 들어가지 않아 걷는 게 힘들었다. 퇴원하고 집에 오면 엄마 손에 의지해 지하 주차장을 몇 바퀴씩 걷는 연습을 하곤 했다. 며칠하고 나면 걷는 게 익숙해졌다 싶다가도 또 치료를 받고 오면 항상 처음부터 다시 시작. 매번 처음 걷는 아이처럼 아장아장 걷기 연습을 하곤 했다.
 도보여행을 준비하며 알게 된 스페인의 산티아고. 왜 유명할까. 사람들이 왜 이 길을 많이 걷는 걸까 라는 단순한 호기심에 시작한 산티아고 여행 준비. 아무 계산 없이 무작정 많이 걷고 싶다는 생각에 그곳을 향한 여행 준비를 시작했다. 오랜 치료로 인해 체력이 많이 저하되어 있어 하루에 10kg 이상 나가는 가방을 메고 40여일을 걷기에는 매우 힘들 것 같았다.

 얼른 체력 단련을 하자는 급한 생각에 크로스핏 학원을 등록 후 하루 다니고 포기했다. 일단 걷기부터 연습해보자 싶어서 무작정 걷기 연습에 돌입 했지만 그것도 일주일 정도 하고 포기했다.

"체력 단련을 그렇게 안 하고 어딜 가?"

엄마는 화를 냈다가 울기를 반복하곤 하셨다. 그렇게 금방 3개월이 흘러 출국일이 다가왔다. 정말 아무런 준비도 없이 그곳이 어떤 곳인지 제대로 알아보지도 않고 무작정 부딪쳐 걸어보기로 했다.

산티아고에서의 여정은 생각보다 힘들었다. 처음에는 2분에 한번씩 배낭을 던질 정도로 너무 힘들어서 한 걸음 한 걸음 걸을 때마다 후회했다. 하늘에 떠 있는 비행기를 보면 집으로 다시 돌아가고 싶은 마음에 매일 눈물 바람으로 하루를 보냈다. 그렇게 나흘이 지났다. 이제 걷는 것에 조금은 익숙해졌는지 매일 퉁퉁 붓고 아프던 발이 점점 덜 부었다. 걸음도 빨라져서 하루에 25km씩 걷는 게 수월해졌다.

역시 인간은 적응의 동물이라는 생각이 들다가도 가끔

은 재발에 대한 두려움이 발길을 막았다. 두려움을 이겨내며 그 길을 걸으면서 다양한 사연을 가진 사람들을 만나고 이야기를 나누었다. 눈이 안 보이는 어머니를 지팡이로 안내하며 함께 걷던 스위스에서 온 모녀, 아내와 함께 이 길을 걷기로 했지만 먼저 하늘나라로 떠나 뼛가루를 가지고 당신이 가는 길목에 조금씩 뿌리며 걷던 한국 아저씨, 아버지의 마지막 전화를 받지 못해 그게 못내 한이 되어버린 친구의 사연을 들으며 걸었다.

사람들은 흔히 큰일을 겪었을 때 자신이 가장 힘들다고 느낀다. 나도 그렇게 생각하는 사람 중의 하나였다. 하지만 나와 비슷한 삶을 살아가는 사람은 어디에나 있고 내가 지금 겪고 있는 일들이 특별한 일이 아니라는 것을 알 수 있는 기회였다. 나는 다양한 사람들과 다양한 만남을 가질 수 있는 40여 일간의 일정이 고통스럽게 느껴지지 않았다.

돌아보니 나는 태어나서 무엇인가를 끝까지 해낸 일이 없는 아이였다. 항상 계획만 세울 줄 알고 이런저런 핑계들로 실천을 하지 않는 사람이었다. 나태함이라는 글자를 사람에 대입시킨다면 나라고 칭할 정도로 게으르게 살아왔다.

　내 인생의 첫 도전!
　환경과 여건을 이기고 계획한 일을 끝까지 해보니 거기에서 오는 성취감이 희열로 느껴졌다. 삶에 있어서 포기하지 않고 오래 걸었던 그 일이 아마도 내 삶의 크나큰 축복으로 자리매김할 듯싶다.

에필로그_엄마를 울리고 떠난 인생 첫 모험　　　　　　　　2
　　　　　40일간의 산티아고 순례길

1장 ‖ 암환자가 되었다

스물 여섯에 준비한 셀프 장례식　　　　　　　　　　　13
뼈와 신장에 전이, 그래도 유머는 만렙　　　　　　　　21
53년간 매일 썼습니다. 2010년만 빼고　　　　　　　　31
치킨 앞에서 발견한 찐 사랑　　　　　　　　　　　　38
이 지갑은 맥도날드에서만 열립니다　　　　　　　　　47

2장 ‖ 걸어보기로 했다

택시비 14만원, 지하철을 탈 줄 몰라서요	59
여기는 피레네 산맥, 저 안 괜찮아요	69
어떻게 800km를 걷지? 4일만 견뎌봐요	82
스마트폰 반납? 벌칙 아니고 집중	93
나랑 걸을래? 헤어질래?	102
우린 완벽했어 손에 피 안 묻히고	112

3장 ‖ 하늘이 되었다

화장품 공구, 살기 위해 했습니다	121
반나절에서 나흘, 아빠의 가출은 길어졌다	130
안녕, 베드로	138

1장

암환자가 되었다

스물여섯에 준비한 셀프 장례식
탓하지 않고 견뎌낸 희귀암 3기

하늘에 대고 소리 한번 지르지 않았다.

그분을 원망하지도, 왜 나한테 이런 일이 일어났냐고 울며불며 매달리지도 않았다. 괜찮았다. 놀라지 않고 괜찮을 수 있었던 건 나의 무지함 때문이다. 의사의 표정이 어두워졌다. 순간 공기가 무거워지는 걸 느꼈다.

"조직 검사를 해야 합니다."

이야기를 들었을 때 나는 조직 검사가 무엇인지 모르고, 왜 해야 하는지도 알지 못했다. 당시 스물여섯이었고, 가족이나 지인 중에 암 환자가 단 한 명도 없었다.

진단받기 두세 달 사이 몸무게가 20kg이나 늘었다. 단순히 먹는 걸 좋아해서 그런 거라고만 생각했다. 원래도 10kg 정도는 쉽게 늘고 줄어드는 체질이라, 살이 쪄도 금방 빠질 거라고 가볍게 여겼다. 병원에 가기 두 달 전부터 숨이 차 침대에 반쯤 기대에 자야 했음에도, 그저 다이어트를 하라는 신호인가 보다 하고 계획만 세울 뿐, 정작 실천은 하지 않았다.

병원에서는 빨리 큰 병원으로 가야 한다고 했다. 당시 월말이라 아직 마감해야 할 일이 남아있었고, 그것을 끝내고 가겠다고 말했다. 의사는 단호한 목소리로 화를 내며 소리를 질렀다.

"거기 회사 사장님한테 전화해서 저 바꿔주세요! 마감은 무슨 마감이야, 지금!"

그때까지도 몰랐다. 내 인생의 황금기가 시작될 줄은.

몇 차례 따끔한 말을 들은 후, 엄마에게 전화를 걸어 상황을 설명했다. 바로 상급병원에 도착해 소견서를 보여주자마자 곧바로 입원이 결정되었고, 검사가 시작되었다. 간단한 검사를 마친 의료진은 폐에 물이 1리터 이상 차 있다고 말하며, 그동안 어떻게 버텼냐며 걱정 어린 타박을 했다. 나는 앉은 상태로 등에 바늘을 꽂은 채 폐에 고인 물을 빼기 시작했고, 1리터 병을 다 채우기도 전에 정신을 잃고 기절하고 말았다.

분명히 엄마랑 웃으며 병원에 들어왔는데 한순간, 내 몸 하나 가누지 못하는 환자가 되었다. 다음날 조직 검사를 하러 가야 한다고 선생님이 나를 침상에 누인 채로 어디론가 데리고 갔다. 그 분위기가 무서워 엄마를 바라보고 있었다. 그 모습은 '마치 도살장에 끌려가는 소 같았다.'라고 엄마가 말해주셨다.

"소, 라니, 엄마, 딸이야 정신 차려"

우리는 서로 바라보며 끅끅 웃어댔다. 환자인 채 열흘의 시간이 흘러, 희귀암 3기로 진단받았다. 왜인지. 마냥 슬프지 않았다.

어릴 적, 우리 아파트에는 또래 친구가 없어서 청소하시는 아줌마 뒤를 졸졸 따라다니곤 했다. 맞벌이로 고생하시는 부모님과의 추억은 많지 않았다. 이제서야 엄마랑 종일 같이 있는 시간이 늘어났고 그 시간이 너무 행복했다. 엄마랑 매일 웃고 장난치는 나에게 인턴 선생님은 와서 말했다.

"본인 병이 얼마나 위중한지 몰라요?! 퇴원하면 생존

율이 얼마나 되는지 검색해보세요!"

주변 사람들은 검색하지 말라고 했다. 희귀암이라 전국적으로도 사례가 드물었고, 생존율도 낮았기 때문이다. 하지만 나는 이미 마음속으로 정리를 끝낸 상태였다. '우리 집에서 누군가를 데려가셔야 한다면, 나를 데려가는 게 맞다.' 그렇게, 하늘의 그분과 대화를 마친 상태였다.

'제일 먼저 무얼 정리해야 할까.'

일단 빚이었다. 엄마에게 독립을 선언하며 빌린 이천만 원. 갈 때 가더라도, 꼭 갚고 가야겠다고 마음먹었다. 다음은 장례식 준비. 어떤 음악을 틀어둘지 고민했고, 영정사진도 요즘은 반명함판 사진 대신 자연스러운 모습이 유행이라, 나도 연예인들처럼 자연스러운 사진을 남기고 싶었다. 수의를 생각하니, 전통적인 삼베옷은 멋이 없어서 싫었다. 대신 내가 좋아하는 룰루레몬 운동복을 입기로 했다. 꽃도 국화는 너무 흔해서 싫었고, 연한 분홍색 장미로 장식해달라고 했다.

내가 차분히 이야기를 이어가던 중, 옆에서 조용히 듣고만 있던 엄마가 한마디 하신다.

"우리 딸은 끝까지 많이 쓰고 가는구나."

나는 웃으며 맞받아쳤다.

"그럼, 원래 돈도 써본 사람이 쓰는거야. 나한테 맡겨."

자식을 먼저 떠나보내는 부모를 지칭하는 단어가 없는 것처럼, 그 고통은 말로 다 할 수 없을 것이다. 하지만 나는 부모님께서 내 장례식이 마냥 슬프기만 한 자리가 되지 않길 바랐다. 엄마와 자주 장례계획을 의논했다. 처음에는 엄마가 눈물을 보이셨지만, 나중에는 농담도 주고받을 만큼 마음을 다잡게 되었다.

 나중에서야 알게 된 사실이지만, 엄마는 내 앞에서만 울지 않았을 뿐, 멀리서 사는 이모와 통화하며 너무 많이 울었다고 했다. 결국, 이모는 한달음에 엄마를 보러 달려오셨다. 나보다도 엄마의 건강이 걱정되었다고.

 매일 밤, 엄마는 병원 로비의 의자에 앉아 묵주를 돌리시며, 흔들리지는 않는 목소리로 기도하셨다. 단 한 번도 하늘을 원망하지 않은 채.
 '내가 뭘 잘못했길래 우리 딸에게 이런 시련을 주는 거냐?' 하며 원망했을 법도 한데,

 엄마는 그저
 '더 늦지 않게 병원에 올 수 있어서 감사하고, 앞으로

평생 누워만 있어도 내 곁에 있게 해달라'고 기도하셨다고 했다.

나는 엄마가 하늘을 원망하며 자책하는 시간을 보내지 않고, 오히려 그렇게 기도해 준 것이 그저 감사했다.

뼈와 신장에 전이, 그래도 유머는 만렙

생사를 넘나들 때도 웃던 우리 식구들

몸에 있는 털이 다 빠지기 시작했다. 심지어 속눈썹까지. 뭐든 잃어봐야 속을 안다더니 속눈썹의 중요성을 그때 깨달았다. 아침마다 손가락을 빌려 눈을 떠야 했다. 어느 날 아침 잠자리에서 일어나니 베개 가득 머리카락이 빠져있었다. 손길이 닿는 곳마다 후두둑 떨어졌다. 정말 영화같은 일들이 나에게 일어나고 있었다. 긴 머리였던 나를 본 지인이 '긴 머리카락이 빠지면 충격이 클 것이니 미리 컷트를 해보는게 어떻냐'는 제안에 나쁘지 않겠다 생각되어 미리 잘라 놓은 상태였다. 그래도 이건 너무했다.

그날 오후 엄마랑 삭발을 하러 미용실에 갔다. 머리를 밀고 있는데 뒤에서 어떤 손님이 엄마에게 물었다.

"어머! 아줌마 딸 왜 저래요? 여자애가 머리를 왜 밀어~"

모두가 들었지만 다들 조용했고 엄마는 울었다.

약물로 인한 통증 때문에 잠을 이룰 수 없었다. 일주일간 하루에 한 시간씩 자며 고통이 극에 달했다. 통증보다 불면증 때문에 더 힘들었다. 도저히 안되겠다 싶어 수면제를 타러 정신과에 갔다. 한참 이야기를 나눈 후 의사 선생님은

"본인은 괜찮다고 생각하는데 몸이 받아들이지 못 하고 있어요. 그래서 스트레스가 커요."

맞다. 나는 암 환자가 뭔데? 하며 그저 가족들이 다 내 이야기를 잘 들어주고 회사생활에 지친 내가 유일하게 눈치 안 보고 쉴 수 있다며 마냥 좋아했다. 항암제가 들어가도 삼 일 정도는 멀쩡해서 별거 아니라고 생각했다. 그 후에 닥칠 폭풍우는 감히 상상도, 생각도 못 했던 것 이다.

삼 일이 지나자 거의 기절 직전이었다. 처음 겪어본 통증에 나는 정신과 몸을 제대로 가눌 수 없었다. 매일 기어 다녀야 했고 관절 마디마디가 너무 아파서 엄마와 아빠는 밤새 나를 주무르다가 출근하셔야 했다. 한참 통증을 견디다가 예약일에 병원으로 향했다.

대기실에서도 눈물이 주룩주룩 나왔다. 너무 아파서

앞에 지나가는 팔이 없는 사람을 보면서 차라리 그 사람이 나보다 낫다고 생각했다. 내가 너무 울어서인지 앞에서 대기하고 있던 환자들이 진료 순서를 다 바꿔줬다. 이런 일이 있구나 본인들도 힘들 텐데 너무 감사했다. 그때, 간호사 선생님이 오시더니

"어머니가 너무 우셔서 앞에 환자분들이 순서를 미리 해줄 수 없냐고 물어보셨어요."

그제야 나보다 더 아파하고 있고 소리도 내지 못하며, 뒤에서 울고 있던 엄마가 보였다. 매일 장난치고 괜찮을거라고 용기를 줬던 엄마가 얼마나 슬퍼하고 있었는지 이제 보이기 시작했다. 엄마는 내가 끈기가 없어서 못 견뎌낼 것 이라고 생각했다고 하셨다. 불같이 타올랐다가 금방 지쳐 포기해버리는 성향을 지닌 내가 어떻게 이 힘든 과정을 버틸 수 있을까 라는 걱정이 드셨다고 했다. 이번만은 먼저 끈을 놓지 않기를 간절히 기도

하셨다고 한다.

진료를 빠르게 마치고 응급실로 가서 진통제를 맞고 입원을 준비했다. 두 시간 후 서류를 들고 입원실로 향했다. 간호사 선생님은 입원 수속을 밟아야 한다며 환자를 데리고 신체검사를 하러 갔다. 근데 내가 아닌 엄마를 모시고 가는 것이다.

"선생님, 제가 환자인데요"
"네, 보호자님은 거기 계시면 됩니다. 제가 모시고 다녀올께요"

아주 친절하셨다. 너무 아무렇지 않게 엄마를 모시고 갔다. 순간 눈앞에 물음표가 떠다녔지만 그럴 수 있다고 생각들었다. 엄마는 작고 왜소한 체격을 지녔고, 나는 할머니의 유전자 덕분에 덩치가 큰 편이라 그 누구도 환자라 보지 않았다. 아무리 머리카락이 빠지고 얼굴이 퉁퉁 부었어도 전문가가 보기에도 환자로 보이지 않았던 것 이다. 다시 천천히 설명하니 화들짝 놀라며 연신 죄송하다고 하며 나를 데리고 갔다.

사실 이런 일이 처음은 아니었다. 언젠가는 고열로 인해 찾은 응급실에서 환자 팔찌를 엄마에게 채워주려고 한 적도 있었다. '84년 이가연님'을 찾으며 확인하길래 '여기요' 라고 손을 들었다. 그런데 옆에 있던 엄마에게 팔찌를 채워주려 했고, 엄마는 또 자연스레 팔을 쭉 내밀었다. 그 모습을 보고 기가 막힌 나는 '그쪽은 56년입니다.' 라고 말했다. 그때 놀라는 표정을 지은 간호사 선생님을 잊을 수가 없다. 어디가 문제일까.

엄마랑 나는 또 하나의 재미있는 에피소드가 만들어졌다며 얼른 아빠한테 알려주자고 병실로 향했다. 함께 왔던 아빠는 어제 과음 탓으로 잠깐만 자고 일어나겠다며 나보다 먼저 병실 침대에 누워있었다.

"아빠 일어나~ 거긴 내 침대야 창피하니까 일단 간호사 선생님이 왔다 나가면 다시 누워"

"보조침대보다 여기서 10분 자는 게 더 편해 잠깐만 기다려줘 술 좀 깨볼게."

아빠는 끝까지 버텼다. 엄마와 나는 무슨 이런 경우가 다 있냐며 전에는 검사하고 돌아오니 할머니가 누워있더니 이번엔 아빠다. 이렇게 가족들도 환자 취급을 안 해주니 다들 모르는 게 당연하다며 웃고 떠들었다.

사실 나는 경과가 좋지 않은 환자였다. 처음에도 치료 시기가 늦어서 수술은 못 하고 항암제로만 해야 한다고 했다. 그리고 항암제 투여 후 1차 빼고는 계속 상태가 좋아지지 않고 있었다. 해볼 수 있는 건 다 하는데도 그 사이 일곱 군데로 전이가 되었고 이제 장기 적출을 논하고 있었다. 의사 선생님은 말했다.

"지금 신장 하나를 떼면, 몇 년 후부터 계속 투석 해야 하는데 너무 어려서 논의 중입니다.

투석 시작하면 생존 기간이 10년을 넘기기 어렵습니다."

엄마는 바로 가족들과 의논을 하고 다른 병원으로 전원시킬 준비를 했다. 당시 병원에서 아주 난감한 환자였던 나는 의사 선생님께 다른 병원을 가보겠다고 하니 바로 그렇게 하라며 서류를 준비해주었다. 생각보다 어렵지 않게 병원을 옮기게 되었고 신기한 일이 벌어졌다. 새로운 병원에서 재검을 한 것도 아니다. 기존 병원에서 떼어간 서류로 판독만 다시 한 것 뿐인데 병명이 달리 나왔다. 오진이었다. 그래서 낫지 않고 뼈와 신장까지 전이가 되었던 것이다.

사실 엄마의 촉은 대단했다. 처음 치료를 시작하기 전, 엄마는 다른곳에서 다시 검사를 받아보자고 했지만 나는 여기도 대학병원이고 부모님이 왔다 갔다 하시려면 여기가 낫지 않겠냐며 엄마의 설득을 거절했었다. 병원에 상주하고 계시는 수녀님께서도 어차피 수술이 안 되는 몸이니 치료제는 우리 병원이 낫다는 이야기를 하셨다. 그때 엄마의 이야기를 놓치지 말았어야 했는데 이제 와서 후회한 들 무슨 소용이 있을까.

하지만 오진이라는 말에 화가 나서 그동안 냈던 병원비를 다 받아낼 작정에 소송에 들어가자고 했다. 이상하게 이 병원에서는 보험처리가 안 되는 항목들이 너무 많았다. 방사선 치료비라도 받아내게 변호사 선임을 하자고 하니 엄마는 말했다.

"그 돈 찾으려고 네가 스트레스 받느니, 그냥 없는 셈치고 살자. 괜찮아."

기존 병원에서 방사선 치료를 바로 마친 후라 두 달간

의 휴식이 필요한 시점이었지만 전이 속도가 빨라서 바로 치료를 시작해야 했다.

53년간 매일 썼습니다.
2010년만 빼고
펼쳐 볼 수 없었던 엄마의 가계부

    엄마는 독립을 한 이후부터 줄곧 일기를 써왔다. 그날 무슨 일이 있었는지, 아빠와의 데이트는 어땠는지 모든 게 빼곡히 적혀있었다. 그렇게 시작한 일기장은 결혼 후 가계부로 바뀌었고, 지출 내역을 적은 뒤엔 짤막한 일기 한 줄이 더해졌다. 식탁이 없던 우리 집에서 엄마는 매일 저녁 방바닥에 엎드려 가계부를 쓰던 모습이 지금도 생생하다.

어느 날 집을 정리하면서 낡은 박스에서 발견된 엄마의 가계부를 보게 되었다. 그런데 이상했다. 오빠는 2000원, 나는 1000원.

"엄마 왜 오빠랑 나랑 용돈 액수가 달라?"

엄마는 말이 없어졌다. 왜 자꾸 그런 걸 보냐며 오히려 타박했다. 어렸을적에도 나는 물욕이 있어 용돈을 요청하는 빈도수가 높았고 오빠는 필요해도 엄마한테 말을 잘 안하는 성격이라 엄마가 더 챙겨주는 편이었다. 사실을 알면서도 엄마의 반응이 궁금해 일부러 물어본 거였다.

"엄마! 이거 차별 아냐?! 이렇게 증거가 확실한데, 너무한 거 아냐?"

나는 증거를 찾겠다며 몇 년치를 더 들여다 보게 되었

다. 엄마의 얼굴이 빨개졌다. 이렇게 꼼꼼하고 성실하게 써왔던 가계부가 스스로의 발목을 잡을 줄이야. 사실 봐도 별거없지만 다시 가계부를 감추려 허둥 지둥하는 엄마의 모습이 꽤나 귀여웠다.

한쪽에서 나는 엄마의 가계부를 순서대로 정리해 보았다. 자신의 청춘이 녹아있는 1972년에 쓴 일기장부터 가계부들. 그런데 이상하게 한 해만 걸러져 있었다. 모든 연도의 가계부가 다 있었지만 2010년도만 없었다. 내가 제일 꼼꼼히 적어놓으라고 했던 그 해였다.

"엄마, 내 병원비, 용돈 다 적어놔. 꼭 갚을 거야."

난 스무 살 이후, 제대로 쉬어본 적이 없었다. 6개월 정도만 치료하면 다시 회사로 돌아 갈 수 있을거라 믿었다. 엄마는 늘 '부모 자식 관계에도 돈은 철저히 해야 한다' 고 말씀 하셨고, 고지식했던 나는 당연히 정산을 해야 한다고 생각했다. 그런데 아무리 뒤져도 없었다. 그해의 가계부만 쏙 빠져 있었다. 정산을 하겠다는 내 말에, 엄마가 아무 말도 하지 않았던 이유를 그제야 조금 알 것 같았다.

"어디갔어? 2010년? 병원비에 용돈에 엄청 썼는데 제일 중요한게 어디갔어?"
"그 해에는 그냥 안 썼어."

 차마 적을 수 없었다고 했다. 적는 순간, 아물지 않은 상처를 다시 들춰내는 기분이 들어 도저히 손이 가지 않았다고 했다. 그냥, 왜인지 적기 싫었다고도 했다. 엄마는 늘 힘든 일도, 기쁜 일도 한 줄씩은 꼭 써두던 사람이었다. 그래서 그 해도 당연히 기록했을 거라 생각했다. 하지만 그땐 몰랐다. 엄마에게도 외면하고 싶은 감정이 있었고, 도망치고 싶은 시간이 있었다는 걸. 그런 마음을 꾹 눌러 담은 채 나를 돌보느라 얼마나 애쓰

셨는지 너무 늦게야 알게 됐다.

성향이 정반대인 아빠와 살아가는 모습만 봐도, 이 정도 스트레스면 머리가 빠질 만큼 힘들 법한데도 엄마는 좀처럼 내색하지 않았다. 그런 엄마가 유일하게 마음을 푸는 공간이 가계부였다. 짧은 한 줄짜리 일기가, 엄마의 심정을 고스란히 담아내곤 했다. 그런데 그 해는 달랐다. 회피였다. 그 앞에 놓인 고통을 마주하지 않고 싶었던 것이다. 마치 아무 일도 없었던 것처럼, 잊고 싶었던 것이다.

"엄마, 이걸 적어놨어야 나한테 받지."
"신경쓰지마. 그런 걸 왜 갚아. 그건 갚는거 아냐, 네가 옆에 있는걸로 이미 됐어."
"난 갚아야해. 이런거 못 견뎌."

아무렇지 않게 말하는 엄마의 모습에 속상해 눈물이

흘렀다. 엄마는 늘 해맑았다. '어쩜 이리 긍정적일 수 있을까' 종종 생각했다. 엄마의 성격을 반만 닮았어도 이렇게 아프진 않았을 거라고. 그런데 이런 이야기를 하면서 자신의 통증을 들키지 않으려 했던 엄마는 얼마나 힘들었을까. 아픈 아이 앞에서 울면 안 된다는 이모의 말에 눈물을 삼킬 수밖에 없었다고 말하던 엄마. 그런 게 어디 있냐며, 슬픔은 참는 게 아니라 울고 털어내는 거라며 얘기하던 우리였다.

미안해졌다. 스스로를 돌보지 못해 아프게 된 내가 가족들에게 짐이 된 것 같아 마음이 무거웠다. 세 명의 아이들이 다 커버린 우리 집은 조용하고 평온했다. 어릴 적 희로애락을 다 겪고, 이제는 각자 안정적인 삶을 살아가던 중이었다. 그런 가족들을 긴장하게 만들고, 흐트러뜨린 건 나였다.

그때 알았다. 내가 정신을 차려야 한다는 걸. 가족을

다시 평온한 일상으로 이끌 사람도, 미안함을 내려놓아야 할 사람도 나였다. 엄마의 가계부처럼 조용히 마음을 기록하고, 무거운 감정은 흘려보내기로 했다. 그리고 곁에 있어주는 것만으로도 이미 충분하다는 걸, 이제는 나도 조금 알 것 같다.

치킨 앞에서 발견한 찐사랑
무뚝뚝한 짠돌이가 내놓은 4,000만원

우리 삼 남매, 언니와 오빠는 연년생이라 늘 붙어 다녔고, 사소한 이야기도 척척 통하는 사이였다. 오빠와 나 사이엔 세 살 터울이 있었지만, 거리는 훨씬 더 멀게 느껴졌다. 둘만의 세계가 분명했고, 나는 늘 그 바깥에 머물러 있었다. 그래서일까, 어린 시절의 오빠는 내게 낯설고 조금은 서먹한 존재였다.

나는 병을 앓으면서 조금씩 오빠를 달리 보기 시작했

다. 퇴원하고 일주일쯤 지났을 무렵, 오빠는 암 환자가 지켜야 할 수칙과 식단, 생활 습관 등을 정리한 파일 하나를 내밀었다. 며칠 밤을 새워가며 자료를 모은 정성이 느껴지는 파일이었다.

"꼭 읽고, 이대로만 하면 반드시 나을 수 있어."

손이 많이 가고, 좀처럼 믿음이 가지 않던 오빠였다. 그 순간 처음으로 듬직하게 느껴졌다. 겉으론 아무렇지 않은 척, 마음속엔 누구보다 큰 걱정이 있었음을 알 수 있었다.

엄마가 가족들에게 내 상태를 담담히 전했을 때도, 오빠는 말 한마디 없이, 자신이 모아두었던 4,000만원을 내놓았다고 했다. 그 이야기를 처음 들었을 때, 나는 반사적으로 웃으며 말했다.

"짠돌이 오빠가 그럴 리 없다니까!"

믿고 싶지 않았다기보다, 믿기 어려웠다. 오빠의 마음이 너무 낯설게 느껴졌기 때문일지도 모른다.

"엄마, 거짓말 하지 마. 오빠가 그럴 리가 없어."
"진짜야. 통장을 떡하니 내놓고, 네 병원비로 다 써도 된다고 했어. 나도 놀랐어."
"그건 엄마가 돈 있으니까 액션만 취한 거야. 그 짠돌이가 정말 없으면 내놨겠어?"

엄마의 감동을, 그렇게 나는 농담처럼 던져버렸다.

퇴원 후 집에서 오빠와 단둘이 남게 된 날, 출출한 김에 치킨을 시켜 먹자고 했다. 오빠는 단호하게 고개를 저었다.

"쫌생아, 치킨 한 마리 사주는 게 그렇게 아까워?!"

툴툴대며 짜증을 냈지만, 오빠는 묵묵히 듣고만 있었다. 기름진 음식이 좋지 않다는 걸 알면서도, 나는 괜히 엉뚱한 데 화를 냈다. 어쩌면 내 안의 불안과 답답함을 풀 대상이 필요했던 것 같다.

결국 내가 치킨을 시키자, 오빠는 말없이 식탁에 마주 앉아 튀김옷을 조심스레 벗겨냈다. 바삭한 껍질을 하나하나 떼어내고, 고운 속살만을 골라 내 앞에 놓아주었다.

"이것만 먹어. 더 먹으면 몸에 해로워."

조심스러운 손끝에서 오빠의 마음이 전해졌다.

어릴 적 오빠는 언니보다, 그리고 나 보다도 훨씬 여

린 아이였다. 여자들 틈에서 자라서였을까. 엄마는 가끔 "둘이 성별이 바뀌어 태어났어야 했다"고 말하곤 하셨다. 가만히 치킨 속살을 발라주는 오빠의 손길을 바라보다가, 오래된 기억 하나가 떠올랐다.

초등학교 시절, 급식이 없어 우리는 도시락을 싸야 했다. 엄마는 24시간 근무 후 하루를 쉬는 고된 일을 하셨고, 엄마가 없는 날의 도시락은 늘 걱정거리였다. 그 걱정을 책임진 사람이 바로 오빠였다. 엄마가 반찬을 미리 해두고 나가시면, 오빠는 새벽마다 밥을 지어 도시락 네 개를 쌌다. 언니 두 개, 내 것 하나, 자기 것 하나. 그때 오빠의 나이는 겨우 열다섯이었다.

그 시절 모습이 지금과 겹쳐지며, 문득 눈물이 났다. 새벽마다 일어나 도시락을 싸는 일이 얼마나 고단했을까. 그런데도, 어떻게 한 번의 불평도 없이 오빠는 그걸 다 해냈을까.

"오빠는 언니도 있는데, 왜 도시락을 싸기로 한 거야?"

"그냥, 누나는 새벽에 등교해야 하고, 너는 너무 어리고, 나밖에 없다고 생각했어."

"안 힘들었어?"

"뭐가 힘들어. 그냥 있는 반찬에 밥만 새로 하면 되는데."

오빠는 그런 사람이다. 평생을 힘들다고, 왜 자기한테만 이런 일이 생기냐고 불평 한 번 안 해본 사람. 지금도 주말 없이 일하지만, 그는 여전히 말한다.

"진짜 괜찮아. 회사 가서 쉬면 돼."

어느 날은 병원에 가는 길이 너무 버겁게 느껴졌다. 두세 번씩 버스를 갈아타는 건 몸보다 마음이 더 지치는 일이었다. 나는 엄마와 합의점을 찾아보기로 했다.

"면역력이 약해서 대중교통을 타면 위험할 수도 있어서, 차를 한 대 사야겠어."

엄마는 흔쾌히 고개를 끄덕였다. 뭐든 '그래, 그래' 해주던 시기였다. 우리는 차를 고르기로 하고, 매장에 갔다. 옵션이 뭔지도 모르면서, 딜러 말에 고개만 끄덕였다. 꼭 차 안에서 고개 흔드는 강아지 인형처럼. 그렇게 계약을 하고 나와 서로를 껴안고 환호성을 질렀다.

가족들의 반응은 싸늘했다. 당시 뉴스에서는 운전 중 졸도해 사고로 이어지는 일이 자주 보도되던 때였다. 모두 걱정했고, 오빠는 깊은 한숨을 쉬며 말했다.

"5년 동안 재발 없이 완치되면, 내 차 줄게."
"5년 후? 지금 아니면 무슨 의미야? 그리고 그게 말이 돼?"

오빠는 자신이 1년밖에 타지 않은 차를, 5년 후에 내게 주겠다고 했다. 그 차는 오빠가 주말마다 세 시간씩 닦던, 말하자면 그의 자부심이자 가장 아끼는 물건이었다. 그런 차를 선뜻 내게 주겠다고 했다는 사실은, 그가 통장을 내밀었을 때보다 더 놀라웠다.

나는 오빠를 너무 오래 오해하고 있었던 것 같다. 무뚝뚝하고 짠돌이 같던 그 사람은, 알고 보면 조용히 제 몫을 감당하며 우리 가족을 단단히 붙잡고 있던 중심이었다. 말 한마디 없이 도시락을 싸고, 통장을 내어놓고, 치킨 껍질을 벗기던 손길 속엔 늘 말 없는 사랑이 있었다. 이제는 안다. 오빠는 감정 표현에 서툰 사람일 뿐, 누구보다 따뜻한 마음을 가진 사람이라는 걸.

그리고 여전히 주말마다 세차를 한다. 그 차를 나에게 줄 일은 아마 없겠지만.

이 지갑은 맥도날드에서만 열립니다
〈걷는 사람〉 읽고
50km 걸은 초등 3학년 조카들

"헬프미 헬프미 도와주세요. 누구든 저희 좀 도와주세요."

나지막이 들려오는 강희의 외침이었다. 가는 길목에 편의점만 있으면 여정이 하나도 힘들 것 같지 않다는 기세는 어디로 갔을까. 시작한 지 세 시간이 지나자 고개를 들지 못하고 조용히 외치고 있다.

나의 첫 사랑 쌍둥이 조카들. 너무 작고 소중하기만 하던 아이들이 어느덧 초등학교 3학년이 되었다. 조카 아이들은 하정우의 〈걷는 사람〉을 읽은 후 도보 여행을 가고 싶다고 했다. 어린아이들이 어떻게 이런 생각을 했을까 기특해서 입꼬리가 올라간 채로 물었다.

"그래서 누구랑 가는데?"

내 물음에는 대답하는 이가 없었다. 가만히 들어보니 참여자는 언니, 조카들과 나, 이렇게 네명. 당연히 내 의사는 묻지 않았다. 만나자마자 여행 브리핑을 하는 걸 보면 딱히 내 의사를 물어볼 의지가 없는 사람들 같았다. 루트도 야무지게 잡았다. 첫 여행이니만큼 거리가 그리 멀지 않은 곳으로 택했다고 한다. 자신들이 살고 있는 인천 송도에서 수원 할머니 집까지 50km의 거리였다. 성공하면 다음에는 태어난 곳인 보령까지 걸어가 보겠다는 야심 찬 포부도 보여줬다.

50km는 하루에 다 걸을 수 없는 거리여서 이틀에 걸쳐 걸어보자고 이야기를 했다. 네 명이 머리를 맞대고 구글 지도를 켰다. 첫날 어디까지 걸을 것인지 목적지를 정하고 세부 계획을 세우기 시작했다. 이 팀은 답사 따위는 없었다. 나는 단체행사 준비 할 때는 미리 혼자라도 꼭 그 길을 걸어봐야 했다. 하지만 이번엔 소수였고, 국내여서 어떤 상황이 닥쳐도 바로 해결 가능할 것 같아서 였을까. 답사 없이 무작정 떠났다.

첫 날 목적지는 물왕저수지, 출발지로부터 23km의 거리 차로는 30분 남짓. 아이들과 함께 걷는 건 처음이기에 얼마의 시간이 소요될지 아무도 예측하지 못했다. 우리는 발가락에 물집이 잡힐 것을 염려해 발가락 양말을 나눠 신고 길을 나섰다.

"이모! 저는 가는 길에 편의점만 쫙 있으면 전혀 힘들지 않을 것 같아요!"

신이 난 강희는 어깨를 들썩이며 설레이고 있다. 송도를 빠져나오자 공장과 큰 트럭이 지나다니는 큰 길이 대부분이었다. 아이의 기대는 점점 실망으로 바뀌며 얼굴이 어두워지기 시작했다. 두 시간 정도 걷고 만난 기적 같은 편의점에서 우리는 라면을 먹고 누워 오늘은 여기까지 걸었으면 좋겠다고 먼저랄 것 없이 이야기하고 있다.

 "누가 기획했어? 기획자 잡아와!"
 다들 조용해졌다. 잠시 후 모두 큭큭 거리기 시작했다. 의미없는 기획자 탓을 하며 우린 시작했으니 끝을 보자고 하나의 낙오자도 허락 할 수 없다며 큰 소리를 내 본다. 사실 내가 제일 먼저 낙오 될 것 같아서 자신에게 하는 소리였다. 지쳐갈 때 쯤 오늘의 일정이 끝나고 저 멀리 천사가 보인다. 픽업 나온 형부를 보며 함께 발을 동동 굴렀다.

"온다! 온다! 우리의 구세주가 보인다!!"

말을 잃었던 우리는 다시 수다쟁이가 되었다. 아이들은 아빠를 만나 하루 동안 일어난 일들을 말하느라 정신이 없었다.

"내일 걸을 수 있겠어? 혹시 오늘 밤에 아픈사람 있으면 숨기지 말고 꼭 이야기해야해!"

둘째 날 아침이 되자 방을 돌아다니며 컨디션을 체크했다. 몸살이 난 사람도 없었고 오늘도 충분히 걸을 수 있다는 이야기를 했다. 아이들이 컨디션이 안 좋으면 다음에 마저 걷는것도 괜찮다고 멘트까지 준비했지만 아이들은 생각보다 강했다.

형부는 출근길에 전날 마무리 지었던 장소로 우리를 데려다주었다. 조금의 착오도 없이. 놀라울 정도로 정확히 그 자리에. 혹여나 형부가 조금이라도 더 갈까 봐 불안했던 언니는 말했다.

"오빠! 여기 여기! 더 가면 안 돼. 딱 여기야!"

둘은 천생연분. 공대생들이어서 그런지 뭐든 한 치의 오차가 없다. 어제는 천사, 오늘은 조금 다르게 느껴진 형부의 모습에 조금만 더 가서 내려주지 하는 내 마음속 비명은 안 들렸나 보다. 혼자만의 아쉬움을 뒤로한 채 하루를 시작했다. 그래도 얼마나 다행인가 오늘 하루만 걸으면 이 길이 완성된다. 끝이 보이는 여행은 하나도 힘들지 않다.

우리의 여행 계획을 이야기하니 할아버지는 가는 길에 간식을 사 먹으라고 용돈을 주셨다. 가장 꼼꼼한 강희에게 총무를 맡겼다. 비극의 시작이었다. 한번 들어간 돈은 나올 줄 몰랐다. 본인이 기다린 맥도날드와 파리바게트 에서는 흔쾌히 지갑을 꺼냈지만 나에게 아이스 아메리카노 한잔은 허락하지 않았다.

"강희야, 아이스 아메리카노 한 잔 사주면 안 돼?"
"안돼요."
"너는 햄버거 먹었는데, 난 왜 안 돼?"
"할아버지가 아껴쓰라고 하셨어요."

'써글놈.'

더럽고 치사해서 내 돈으로 사 먹겠다며 씩씩거리며 카페로 갔다. 그랬더니 강아지 두 마리가 쪼르르 따라와서 내 뒤에 서 있는 게 아닌가.

"너희들이 줄을 왜 서?"
"우리는 한 잔으로 나눠 먹을 수 있어요."
"난 너희를 사줄 생각이 없는데 무슨 말이야?"

10살이나 36살이나 수준은 비슷했다. 서로가 만족할 만한 음료를 받아 든 우리는 이제 목적지까지 얼마 안 남았으니 힘내자며 다시 한번 파이팅을 하며 걷기 시작했다. 아이들이 힘들어 보일 때마다 아이스크림과 간식을 입에 넣어주며 길을 이어갔다. 목적지까지 조금 남겨놓은 시점에서 아이들은 다시 벤치를 찾아 눕기를 반복했다.

 동네에 들어서니 활짝 웃으며 마중 나온 할머니를 만날 수 있었다. 너무 반가웠지만 웃음이 나오지 않았다. 여기서 웃을 수 있는 건 할머니뿐이었다. 대체 어떻게 여기까지 걸어왔냐며 기특하고 반가운 마음에 서로를 끌어안았다. 그렇게 마지막 3km는 모두 함께 걸었다.

 최종 목적지인 아파트단지에 들어서자 한번도 힘들다고 말하지 않던 건희가 울기 시작했다. 너무 힘들었다고 한다. 쌍둥이라도 첫째라 다른 건가. 아니면 과묵

한 아이라 다른 걸까. 여행길 내내 힘들다고 중얼거린 강희를 돌보느라 건희는 괜찮냐고 묻지도 않았다. 아픈 곳 없이 내내 잘 걷길래 괜찮은 줄 알았다. 묵묵히 걷던 아이가 울기 시작하니 더 마음이 아려왔다. 맞다. 건희도 어린데. 내 눈엔 똑같은 아기인데 어떻게 내색 없이 이 길을 걸은 걸까.

우리는 다음 여행을 준비하고 있다. 이번엔 서울 일원동에서 양평에 있는 캠핑장까지 42km에 도전하기로 했다. 고3보다 바쁘다는 중3을 지나고 있는 아이들이 이모를 위해 시간을 내준다니 감격스러운 일이 아닐 수 없다. 산티아고를 걸으며 조카들이 스무 살이 되면 함께 오고 싶다는 생각을 했다. 그때는 너무 먼 미래를 기약할 수 없어 누구에게도 말해 본 적은 없었다. 망설이고 있는 나에게 조카들은 늘 먼저 손을 내밀어 준다. 작은 것들을 하나하나 쌓아가는 기적을 나에게 선물해 주고 있다.

```
• 오늘의 지출 내역서 •
이강희 - 맥도날드 : 12,500원
       파리 바게트 : 7,800원
이가연 - 편의점 1 : 9,700원
       편의점 2 : 5,400원
       편의점 3 : 11,200원
       (편의점 사용 횟수는 더 많지만 기억나지 않는다)
       점심 식사 : 43,000원
       카페 : 13,200원
```

이 총무, 잠시 이리 와보세요.

2장 — 걸어보기로 했다

택시비 14만원, 지하철을 탈 줄 몰라서요
첫 출국은 자의 반 타의 반

걷고 싶었다. 무작정 뒤도 돌아보지 않고 앞만 보며 걷고 싶었다. 세상 모든이가 부러웠다. 마음껏 뛰어다닐 수 있는 건강한 몸을 가진 이들의 자유로움이.

해외여행은커녕 제주도조차 가본 적이 없던 내가, 어느 날 TV에서 도보여행을 떠나는 사람들을 보게 되었다.

"산티아고 순례길, 한 번쯤 가보고 싶더라고요."

성당에서 봉사하던 중, 무심코 내뱉은 말이 여러 사람을 거쳐 퍼져나갔다. 어느새 나는 우리 성당에서 산티아고 순례길에 오르는 첫 번째 순례자가 되어 가고 있었다.

"아니, 그래서 스페인 언제 가세요?"
"산티아고 가신다면서요, 너무 부럽다. 내 로망인데"
"크리스티나! 갈 수 있겠어? 가서 잘못되면 어떻게 해!"

나를 만나는 사람들의 인사말이었다. 언제 가냐는 질문에 나도 모르게 9월이라고 대답했다. 사람들은 대단하다고 했지만, 사실 자의 반 타의 반이 섞인 결정이었다. 누군가 엉덩이를 차 줘서 시작된 일이었다. 집에 가자마자 산티아고에 관한 영화를 한 편 보았다. 아들이 순례길을 걷다가 폭풍우를 만나 죽게 되자, 아들의 배낭을 메고 그 길을 마저 걷는 아버지의 이야기였다.

본격적인 여행 준비에 마음이 분주해졌다. 여행 경비를 마련하기 위해, 가장 쓸모없어 보였던 청약통장을 해지해 곧장 티켓을 끊어버렸다. 순식간이었다. 어느 정도 준비를 마친 뒤에서야 엄마에게 사실을 알렸다. 그곳에서 돌아오지 못한 이들의 이야기를 많이 들었던 탓일까. 진단을 받았을 때보다 더 많이, 매일같이 우셨다.

"아픈 몸으로 혼자 거기서 버틸 수 있을까."
"딸을 다시는 못 보게 되는 건 아닐까."

산티아고 순례길에 관한 가이드북 한 권을 가장 먼저 샀다. 치료가 끝나면 한라산에 가겠다며 풀 셋트로 사놓고 일 년째 뜯지 않은 등산복을 챙겼다. 드디어 새 등산복을 입고 갈 곳이 생겨서 기뻤다. 제일 걱정되는 건

딱 하나! 언어였다. 영어를 전혀 할 줄 모른다. 내가 가는 곳은 프랑스와 스페인이니 영어권 국가가 아니었다. 그들도 어차피 손짓 발짓으로 의사 소통이 가능할 것이라는 정신 승리를 하며 여행을 준비했다.

 출국 당일. 최대한 짐을 줄이려고 순례길을 걸으며 입을 형형색색의 등산복 차림으로 공항으로 갔다. 환승하는 비행기가 30만원 정도 더 쌌지만 망설임 없이 직항을 선택했다. 영어도 할 줄 모르는 내가 환승을 하다가 국제 미아가 될 수도 있다는 생각에 차라리 돈을 더 쓰기로 했다. 당연히 좌석은 창가로 예약을 했다. 얼마나 설레이는가.

 하지만 그 설레임도 잠시. 내 옆자리는 신혼 부부가 타게 되었다. 그들은 예식의 여파로 힘이 들었는지 파리로 가는 12시간 동안 한 번도 잠에서 깨지 않았다. 승무원을 부를 수도 없었다. 하필이면 내 라인을 담당하는 승무원은 외국인이었다. 국적기를 탔는데 외국인 승무원이라니. 기가막힐 노릇이었다. 결국 12시간 동안 아무 말도 못 하고 화장실도 못 간 채로 비행기에서 내리게 되었다.

 말로만 듣던 드골 공항. 출국 심사만 무사히 마치면 더 이상 문제 될 게 없을 것 같았다. 한국에서 언니가 예상 질문지를 만들어 주었고, 그것만 달달 외우며 기다린 출국 심사는 생각보다 순조롭게 끝났다.

 나는 5일 정도 파리에 체류 후 스페인으로 넘어갈 예정이라, 파리에 대한 준비는 하나도 해오지 않았다. 숙소에 도착해 따로 이곳을 여행할 계획도 없었기에 그냥 푹 쉬다 스페인으로 넘어갈 요량이었다. 그래서 지하철에서 하차 후 민박집까지 가는 길에 대한 방법만 캡처해 왔다.

예약해 둔 숙소에 가려면 지하철을 타야 했다. 승차권을 어떻게 사야 하는지 몰랐다. 한참을 두리번거리다 겨우 승차권 발매기 앞에 줄을 섰지만, 가슴이 두근거렸다. 다행히 앞에 서 있던 사람들이 한국인이라 그나마 마음이 놓였다. 하지만 그들은 자신의 승차권만 구입 한 뒤, 도움을 요청한 나를 못 본 척 지나쳐버렸다.

텅 빈 공항에 덩그러니 남겨진 나는 무서워서 눈물이 날 지경이었다. 로밍이 안 된 폰을 가지고 있어 아무것도 검색 할 수 없었다. 로밍하고 오지 않은 나를 탓하고만 있었다.

어두워 지기 전에 숙소에 도착 해야 한다는 생각이 들었다. 공항 밖으로 나가 무작정 택시에 올라 주소를 보여줬다. 택시기사는 아는 곳이니 걱정 말라며 웃었다. 택시 안에는 빠르게 올라가는 미터기 소리와 내 숨소리만 가득했다. '이러다 두 달간의 경비를 택시비로 다 쓰는거 아닌가'라는 불안감이 들었다. 어떻게든 택시를 멈춰야 한다는 생각이 들어, 시도를 해보았지만, 혼자만의 호들갑이었을 뿐 기사님은 알아듣지 못했다. 내 90유로. 약 14만원.

  우여곡절 끝에 숙소에 도착한 나는 침대를 배정받고 바로 누워버렸다. 그동안의 긴장이 풀렸는지 온 몸이 아팠다. 이러다 스페인은 가보지도 못하고 다시 한국으로 돌아갈 수도 있다는 생각이 들었다. 계속 누워 있는 나에게 룸메이트가 말했다.

  "언니, 저녁에 일정 있으세요? 없으시면 저희랑 몽마르뜨 언덕 가실래요?"
  그들에게 승차권을 사지 못해 택시를 탄 이야기를 했다. 어떻게 그런 사람들이 있냐며 공감해 주는 것만으로 힘이 되었다. 나보다 3일 먼저 온 친구들은 파리에서 꼭 가봐야 할 여행지를 소개 해 주었다.

다음 날, 혼자 숙소를 나와 노틀담 성당을 갔다. 여행 내내 가장 하고 싶었던 일이 최대한 매일 미사에 참여하는 일이었다. 그런데 그 길에 들어선게 축복인 듯 성당에서 마침 미사가 시작되었다. 언어가 다른 외국에서의 미사가 처음이지만, 신부님의 말씀이 한국어처럼 들려왔다. 한국에서와 같은 형식이기에 낯설지 않았다. 한참 성당에 머문 후 밖으로 나와 한 바퀴를 돌고 있는데, 가까운곳에 피라미드 형상이 하나 보였다. 르브루 박물관 이었다. 말로만 듣던 박물관이라니!

부푼 가슴을 안고 박물관에 들어갔다. 데스크에 가서 전시품의 설명을 들으며 천천히 보고 싶은 마음에 오디오 가이드를 신청했더니 여권을 달라고 했다. 당연히 없었다. 이렇게 또 하나를 배우며 전시실 곳곳을 마음으로 느끼며 둘러보게 되었다.

전시품들이 전쟁과 침략으로 인해 약탈해 온 각 국의

문화재라는 건 알았다. 웅장하고 멋진 작품을 보며 어두운 스토리는 까맣게 잊었다. 전시실에 머무는 내내 가슴이 뛰어 황홀할 지경이다.

 그 날 저녁, 친구들과 야경을 보기위해 함께 유람선을 탔다. 세느강으로 간다는 말에 너무도 기대가 컸던 나는 의아했다.

"대체 세느강이 어디야?"
"여기라고? 이건 완전 개천 아냐?"

 내가 밟고 있는 곳이 세느강이라 했다. 그 순간, 문학의 위대함을 실감했다. 서울의 한강쯤 되어야 '강'이라 여겨졌던 터라, 세느강이 개천처럼 아담하고 소박한 모습이라는 사실에 놀랐다. 수많은 작품 속에서 만나 온 이 강에 대한 기대가 있었던 것도 사실이다. 얼마나 아름답게 묘사되어 왔던가. 모든 이가 한 번쯤은 가보고

싫어하는 세느강 아닌가. 나는 그 강을 눈앞에 두고도 헤매며 찾아다녔다.

 개천 같다는 나의 말에 모두 웃었다. 세느강을 마주한 모습이 다들 비슷하다고 했다. 그날 저녁 우리는 유람선을 타고 바람을 맞으며 각자의 소설속 주인공이 되었다.

여기는 피레네 산맥, 저 안 괜찮아요
서른을 맞이하는 방법

치료를 마친 지 2년, 관해 판정을 받고 준비한 여행이었다. 나에게는 오지 않을 줄 알았던 서른이라는 나이를 그냥 흘려보내고 싶지 않았다. 파리에서의 짧은 워밍업을 뒤로한 채, 이제 스페인으로 떠나기 위해 몽파르나스 역으로 향했다. 기차표는 미리 준비해두었다. 공항에서의 당혹스러운 경험이 머릿속을 떠나지 않아 몇 번이고 확인을 거듭하며 역 안으로 들어섰다. 너무 긴장한 탓에 출발 두 시간 전에 도착했지만, 마음을 놓을 수는 없었다. 첫 해외여행이었다. 잘 다녀올 수 있을 거라 호기롭게 나섰으나 단 한 순간도 긴장을 내려놓은 적은 없었다

경유지인 바욘으로 향하는 기차에 올라탔을 때, 맞은편 좌석에 앉은 한 사람이 눈에 들어왔다. 일본인처럼 보이는 외모에 등산복 차림. '저 사람도 순례길을 걷는구나. 혼자 오는 사람도 많다더니, 다행이다.' 생각하며 천천히 시선을 옮기는데, 오른쪽 가슴팍에 '블랙야크' 로고가 눈에 띄었다. '엇, 한국 사람이네!' 반가운 마음이 먼저 올라와, 망설임 없이 인사를 건넸다.

"한국 분이신가 봐요! 순례길 걸으러 가세요?"
"네, 한국 사람이에요. 순례길 갑니다."
"우와! 그럼 좀 쉬시고요, 이따가 기차에서 내릴 때 다시 인사드릴게요."

내성적인 내가 먼저 인사를 건넨 것도 참 신기한 일이었는데, 다행히 그 인사를 반갑게 받아주었다. 기차를 타고 약 4시간, 바욘에 도착했다. 목적지에 도착한 후 다음 열차까지는 2시간 정도의 환승 시간이 있었고, 우리는 역 밖으로 나가 맥주 한 잔을 함께했다. 어색한 인사 뒤에 간단히 서로를 소개했는데, 놀랍게도 동갑이었고, 제주에서 왔다고 했다. 이런 인연이 있을 수 있을까 싶을 만큼 신기하고 반가운 순간이었다.

이 친구와 언제까지 함께하게 될지는 알 수 없었지만, 여행을 많이 다녀본 듯한 그의 모습에 왠지 든든한 동반자가 생긴 것 같아 슬슬 마음이 놓이기 시작했다. 그렇게 우리는 웃고 떠들며 생장으로 향하는 기차에 올라탔다.

마침내 다다른 프랑스 남부의 작은 마을, 생장 피에드포르. 산티아고 순례길의 출발점이자, 수많은 순례자들의 발걸음이 시작되는 곳. 두 다리로 여기까지 왔다니, 꿈만 같았다.

'이제 시작이구나.'

마음속엔 걱정과 고민보다 설렘이 더 가득했다. 우리는 오후 늦게 도착해 먼저 숙소를 잡고, 순례자 여권을 발급받기 위해 사무소로 향했다. 어렵게만 느껴졌던 사무실 찾기는 의외로 간단했다. 골목에서부터 북적이는 사람들 덕분에 금세 눈에 띄었다. 가방에 조가비를 하나씩 달고 있는 사람들, 모두가 같은 목적지를 향한 순례자들이었다. 사무실 안에는 순례자 여권을 받기 위해 줄지어 선 사람들이 가득했다.

순례자 여권은 800km에 이르는 길을 걷는 동안, 각 마을의 숙소에서 도장을 받아가며 채워나가는 것이다. 말 그대로 순례자를 상징하는 서류였다. 이 여권이 있어야만 마을마다 마련된 저렴한 순례자 숙소를 이용할 수 있고, 마지막 도착지에 다다른 후에는 순례자 인증서를 받을 자격도 주어진다.

 나도 그렇게, 모두가 하듯 순례자 여권을 발급받고, 조가비 하나를 사서 가방에 달았다. 하루의 일정을 마친 우리는 조금은 여유로워진 마음으로 저녁 식사를 하기 위해 광장 주변을 걷기 시작했다. 그때 마주친 수많은 한국 사람들. 여기가 외국인지 모를 정도였다. 이곳에 오는 동양인 중 90%가 한국인이라는 말이 실감났다. 대부분 혼자 왔고, 처음 만났지만 누구랄 것 없이 편하게 각자의 특별한 사연을 꺼내놓았다.

 첫날밤은 설렘과 긴장 속에 눈을 감았다 떴을 뿐인데, 어느새 출발 시간이 다가와 있었다. 우리는 새벽 5시 반부터 조용히 짐을 챙기고, 6시에 출발했다. 호기롭게 발을 내디뎠지만,

'세상에… 첫날부터 오르막길이라니.'

첫 코스는 바로 피레네 산맥. 내가 가져온 가이드북에는 그 산맥의 고도나 상세한 설명이 없었는데, 알고 보니 오늘 걸을 거리 25km 중 무려 20km가 오르막이었다.

오르막뿐인 길은 깨끗했다. 티비에서나 보던 들판 위에 양들이 한가로이 놀고 있는 모습에 "이보다 더 낭만적인 곳이 있을까?" 하는 말이 절로 나왔다. 콧노래까지 흥얼거리며 경쾌하게 발걸음을 옮기던 우리.

하지만 걷기 시작한 지 한 시간이 채 지나지 않아, 메고 있던 15kg짜리 가방은 점점 30kg처럼 느껴지기 시작했다. 결국 우리는 가방을 아무 데나 던지고 앉아 쉬었다. 그 다음부터는 열 발자국 걷고 가방을 던지고, 또 몇 걸음 가다 널브러지는 걸 반복했다. 그 모습을 지나치던 순례자들마다 이렇게 말했다.

"지금 여기서 쉬면 안 돼. 자꾸 가방 내려놓으면 더 못 가. 나랑 같이 가자!"

 모두가 한마디씩 하며 용기를 주었지만, 그 말이 제대로 들려오지 않았다. 나는 몸집이 커서 평지를 조금만 걸어도 숨이 찼다. 그런데 체중을 1g도 줄이지 않은 채 이 길에 들어섰으니, 내 몸은 이미 감당이 안 되는 상태였다. 한 걸음만 걸어도 숨이 턱 끝까지 차올랐고, 결국엔 세 걸음 걷고 가방을 던져버리기 일쑤였다.

 그땐 몰랐다. 바닥에 양 똥이 그렇게 많은 줄은. 손을 짚고 있는 자리, 엉덩이를 붙인 자리는 온 천지가 동글동글한 양 똥 밭이었다. 처음에는 바닥에 깔린게 똥이라는 걸 인식하고 흠칫 놀랐지만, 이내 그마저도 상관없어졌다. 그만큼 점점 눈앞이 흐려지고, 보이는 게 없어지기 시작했다.

  당초 계획은 단 하나였다. 아프지 않고 끝까지 완주하는 것. 첫날은 10km 정도만 걷고, 중간 지점인 오리손의 숙소에서 하루 묵은 뒤 다음 날 론세바야스로 향하는 것으로 계획했다. 대부분 하루에 걸쳐 가는 코스였다. 내 체력으로는 무리라고 판단해 이틀에 나눠 쉬엄쉬엄 가기로 마음먹었고, 한 달 전 미리 오리손 숙소를 예약해두었다.

  그 계획을 친구에게 말하자, 흔쾌히 "함께 쉬어가자"는 대답이 돌아왔다. 우리는 숙소로 기어들어가 남은 침대가 있는지 물어보았지만, 이곳은 예약제로 운영되고 있어 이미 만실이라는 말을 들었다. 둘이 함께 들어갈 자리는 없었다.

  결국 우리는 선택해야 했다. 이대로 헤어질 것인지,

아니면 나머지 15km를 더 함께 걸어갈 것인지. 일단 숙소 내 식당에서 밥을 먹으며 고민해보기로 했다.

창밖으로 펼쳐진 경치는 너무도 아름다웠고, 밥이 입으로 들어가는지 코로 들어가는지도 모른 채 그렇게 고된 시간은 금세 잊혔다. 조금씩 마음의 여유가 찾아왔고, 결국 우리는 오늘의 여정을 함께 끝내기로 결심했다.

그건 분명 분위기 탓이었다. 달콤했던 휴식이 끝나고, 다시 가방 끈이 어깨에 닿는 순간부터 후회가 밀려왔다. '왜 그랬을까. 나 여기서 쉬고 싶었는데.' 그 마음이 머릿속을 가득 채웠지만, 차마 입 밖으로 내진 못 했다. 무거워진 발걸음을 억지로 옮기며 다시 걷기 시작했다.

조금 걸었을까. 이 언덕의 상징처럼 보이는, 예수님을 안고 있는 성모 마리아상이 눈에 들어왔다. 천주교 신자인 나는 그 앞에 조용히 섰다. 그리고 속으로 기도 했다.

'이 여행에서 나에게 무슨 일이 일어나도 이 또한 주님의 뜻이니, 주님께 모두 맡기겠습니다.'

여행을 오기 전, 주변의 많은 우려와 걱정에 나 역시 자신이 없었다.
'과연 이 길을 무사히 완주할 수 있을까?' 그 불안한 마음을 기도와 함께 내려놓자 조금은 홀가분해졌다. 이제 주사위는 던져졌다.

우리는 각자의 호흡대로, 천천히 피레네 산맥을 넘어가고 있었다. 하지만 우리가 너무 천천히 걸었는지, 아니면 중간중간 꾀를 많이 부려서인지 금세 어둠이 찾아왔다. 그때 어디선가 911 구조대원이 다가와 괜찮냐고 물어왔다. 솔직히 하나도 안 괜찮았지만, 나는 반사적으로

"잇츠 오케이, 잇츠 오케이"를 외치며 웃어 보였다.

 그리고 그들은 그렇게 돌아갔다. 그 순간, 후회가 몰려왔다. 할 수 있는 영어가 '잇츠 오케이'뿐이어서 그랬을까. 그들의 말이 다 끝나기도 전에 나도 모르게 먼저 그 말부터 튀어나왔다는 사실이 아쉬웠다. 바로 그때, 문득 성당 미사 시간에 들었던 강론 하나가 떠올랐다.

 홍수가 난 마을에 살던 노인이 예수님께 구원을 간절히 기도했지만, 정작 구조대가 세 번이나 왔을 때마다 "괜찮다, 예수님이 직접 구하러 오실 것이다"라며 구조를 거절했다. 결국 그는 죽고 말았고, 하늘나라에서 예수님을 만나 물었다.

 "왜 저를 구하러 오지 않으셨나요?"
 "내가 세 번이나 갔는데, 네가 나를 몰라보지 않았느냐."

그 강론의 마지막 문장이 머리를 세게 때렸다.

'악! 미련퉁이! 저 사람들이 예수님일 수도 있었잖아! 그냥 못 이기는 척 따라갈걸. 왜 괜찮다고 했을까. 정말 바보 같아!' 나는 속으로 땅을 치며 후회하고 있었다. 그런데 믿기 힘들게도, 정말 거짓말처럼 구조대가 다시 돌아왔다. 그들은 날씨가 너무 변덕스럽고 어두워져서 위험하니, 얼른 차에 타라고 말했다.

"그럴까요, 그럼요!"

나는 기다렸다는 듯이 대답하고, 친구의 의사도 묻지 않은 채 잽싸게 차에 올라탔다. 친구는 옆에서 그저 웃기만 했다. 구조대에게 지금 우리가 어디쯤 와 있는지 묻자, 20km를 걸어왔고 목적지까지는 약 5km 정도 남았다고 했다. 그리고 이 구간은 날씨 변화가 심해 위험해서 구조 요청이 자주 이루어지는 곳이라고도 덧붙였다.

 여행을 준비할 때 보았던 산티아고 관련 영화의 한 장면이 떠올랐다. 그 영화 속, 주인공은 바로 이 지점에서 세상을 떠났고, 그의 아버지가 아들의 가방을 메고 전 구간을 대신 걷는 이야기였다. 5km를 남겨두고 구조차를 탔다는 사실에 아쉬움이 남지 않았다면 거짓말일 것이다. 하지만 무리하지 않는 것이 더 중요하다는 걸 이 여행이, 그리고 오늘이 분명히 알려주었다. 지금의 나는, 아주 잘한 선택을 했다고 믿는다.

어떻게 800km를 걷지?
4일만 견뎌봐요

처음 마주한 숙소의 모습에 깜짝 놀랐다. 성당을 개조해 순례자들의 숙소로 이용하고 있었다. 살면서 단체생활을 해본 적이 없던 나는 한 공간에 그렇게 많은 사람이 함께 있는 모습에 적잖이 당황했다.

"우와! 대체 침대가 몇 개야?"
"그러게, 궁금하긴 하다. 내가 한번 세어볼까?"

2층 침대 120개가 세 줄로 나란히 놓여 있었다. 숙소에 있는 사람들은 모두 지쳐 있을 줄 알았지만, 전혀 그렇지 않았다. 모두가 웃고 떠들며, 마치 각국의 왕 수다쟁이들만 모여 있는 듯 시끌벅적, 시장통 같은 분위기였다. 어떤 이는 내일을 위한 짐을 싸고 있었고, 또 어떤 이들은 오늘 하루를 무사히 마쳤다는 안도감에 자신들만의 작은 파티를 준비하고 있었다.

복작복작한 틈을 비집고 들어가 샤워를 마친 뒤 짐을 정리하고 있다. 어디선가 성당에서 미사 시간을 알리는 종소리가 들려왔다.

"성당 안 가?"

이 길을 걸으며 기회가 되면 매일 미사에 참석하고 싶다고 했던 내 말을 기억한 친구는 종소리가 들리자 성당에 가보라며 챙겨주었다. 순례길을 걷는 내내 미사를 챙겨준 건 비신자인 친구였다. 하루쯤은 그냥 누워 있고 싶었던 날도 있었지만, 친구의 발길질에 못 이겨 억지로 일어나 성당에 간 적도 더러 있었다.

새벽이 되자 시끌시끌한 소리에 눈이 떠졌다. 아직 5시밖에 되지 않았는데, 모두가 일어나 떠날 준비를 하고 있었다. 문득 두려움이 밀려왔다.

'어제도 겨우 구조대의 도움을 받아 목적지에 도착했는데, 오늘은 어떡하지?'

기대감보다는 걱정이 앞섰다. 그렇게 새벽녘에 나선 우리를 찬 공기와 어둠이 맞아주었다. 가로등이 있는 마을을 빠져나와 산길로 접어들자 어두컴컴해 아무것도 보이지 않았다. 모두가 약속이나 한 듯 머리에 있는 랜턴을 켜고 걷기 시작했다. 새벽 6시에 출발해야 다음 목적지까지 도착할 수 있다는 생각에 일찍 길을 나선 것이다. 그렇게 2시간쯤 걸었을까, 동이 트기 시작하면서 너무나도 아름다운 전경이 펼쳐졌다.

이런 풍경을 보기 위해 내가 이곳에 온 걸 텐데, 매일 이런 순간을 놓치고 있다니 아쉬운 마음이 들었다.
"호야, 다음에 오면 우리 8시부터 걸어보자. 이렇게 놓치는 게 너무 아깝잖아."
"너 또 오게? 나는 다시 올지 잘 모르겠어~ 사실 그냥 동네 길 산책하는 거 같아."

한라산 자락인 1100고지 밑에 살고 있는 제주도 친구는 이곳의 자연 풍경에도 큰 감흥이 없다고 했다. 자기 동네 길과 다를 바 없다는 듯이. 어떤 이는 이런 지평선을 한국에서는 볼 수 없어 왔다고 했지만, 친구는 도무지 공감하지 못하는 눈치였다.

이런저런 이야기를 나누며 도착한 마을 축제 기간 여

행객들로 숙소가 가득 차서 다음 마을로 넘어가야 한다고 했다. 다리에 힘이 풀려 그대로 바닥에 주저앉고 말았다. 바닥이 젖어 있든, 똥밭이든 전혀 상관없었다. 드디어 다 왔다고 생각했는데, 우리가 머물 곳은 없었다. 결국 다른 일행의 도움을 받아 택시를 탔다. 다음 마을로 이동해 겨우 숙소를 찾을 수 있었다.

맞이하기 싫은 아침은 금세 찾아왔다. 하루만, 온종일 누워 있을 수 있다면 얼마나 좋을까! 그러나 서둘러 준비를 마치고 어제 지나친 마을로 다시 돌아갔다. 마을을 건너뛰지 않고 걷기로 했기 때문이다.

'다시 돌아갈 필요가 있을까? 차 타고 가면 20km가 15분밖에 안 걸리는데'

입 밖으로 꺼내지 못하고 속으로만 삼킨 채 짐을 꾸렸다.

3일 차가 되자 몸은 더 천근만근, 발바닥은 붓고 발가락 사이 물집들이 비명을 지르고 있었다. 나름대로 준비한다고 발가락 양말 위에 등산 양말까지 신어 발을 보호하려 했지만, 오히려 과했는지 남들보다 물집이 두 배 더 생겼다. 가방 무게도 감당이 안 되어 계속 가방을 벗어 던졌다. 없는 자리도 만들어 쉬어갔고, 어디든 자리가 눈에 띄면 몸을 맡겼다.

 '이렇게 해서 어떻게 800km를 걷지? 나 잘못 온 거 같아.'

 이 속도면 3달이 걸려도 완주는 커녕 절반도 못 갈 것 같았다. 그런데 놀랍게도 5일 차가 되자 거짓말처럼 가방 무게가 덜 느껴졌다. 20분마다 던지던 가방을 메고 한 시간을 걸어도 괜찮았다. 며칠 더 지나고 나서야 해가 뜰 때까지 2시간을 걷는 동안 가방을 한 번도 내려놓지 않았다는 사실을 깨달았고, 경이롭게 느껴졌다.

'나도 할 수 있구나. 내가 포기만 안 하면 되는 거구나.'

힘든 내색 없이 걷는 사람들이 너무 부러웠다.

'나는 이렇게 아침마다 울고 있는데, 저 사람들은 왜 괜찮을까?'

하며 수없이 나를 되돌아보았다. 어릴 적 엄마는 나에게 말했다.

"너는 안 해도 되는 고생을 자처하는 애야. 좀 편하게 살아."
그러게, 어른 말씀 좀 들을걸.

'여길 왜 와서 이런 고생을 하고 있을까. 너무 힘들다. 이러다 재발하는 거 아냐?'

불안감이 몰려왔다. 이 병은 재발률이 높다고 해서 우려가 많았다. 여행을 떠나는 내게 자신이 처음으로 만든 묵주 팔찌와 편지를 보내준 친구가 떠올랐다. 나와 같은 병을 앓았던 동갑내기 친구였다. 친구는 편지에 이렇게 말했다.

"너의 용기는 대단해. 하지만 굳이 한계를 시험하고 오지 않아도 돼."

당부와 응원의 말을 남겼고, 어쩌다 환우들이 모인 자리에 가면,

"멀쩡해 보여도 우리는 멀쩡한 사람들이 아니야. 그 독한 항암을 그렇게 많이 했잖아. 그러니까 평범한 사람들처럼 다 누리고 살 수 없어. 일도 하면 안 되고, 오로지 몸만 생각하며 조심히 살아야 해."

모두가 그렇게 말했다.

어찌 보면 그들이 보여주는 모습이 당연했다. 그동안의 생활 습관을 바꾸는 게 맞다 생각했지만, 관리를 철저히 해도 재발하는 경우를 너무 많이 보았다. 그래서 정답이 없구나 싶어서 이런저런 관리도 다 필요 없다고 생각했다.

그들 사이에서 나는 좀 이상한 아이였다. 좀처럼 암 환자의 룰을 따르지 않는 사람이었다. 마트에 가면 다들 유기농 제품 앞에 서 있었지만 나만 일반 매대에 서 있었다(옆을 돌아보니 곁에 아무도 없었다). 치킨을 먹으면 큰일 나는 것처럼 반응했지만, 내가 항암 후유증으로 인해 미각과 후각을 잃었을 때도 가장 많이 먹은 건 엽떡(매운 떡볶이)과 치킨이었다.

'어차피 일은 벌어졌으니, 이 시간을 충분히 즐겨보자.'

내게 온 병은, 그냥 지나가는 감기 같은 거라 생각했다. 그런데 아무것도 하지 말라는 이야기를 들을 때마다, 혼자 물었다.

'아직 서른도 안 됐는데, 호전되는 상황을 다행이라고 생각해야 하나 말아야 하나.'

미래를 위해 준비해 놓은 게 아무것도 없는 나는 참담한 상황이었다. 아무것도 하면 안 된다는 말에 앞으로 어떻게 살아야 할지 막막했고, 그게 결국 우울함으로 이어졌다.

우울의 늪에 빠지기 싫었던 나는, 남은 생이 얼마가 될지 모르지만 더 이상 후회하지 않는 삶을 살고 싶다는 생각에 떠난 여행이었다. 하지만 순간순간 밀려드는 불안감은, 나조차 어찌할 수 없었다.

스마트폰 반납? 벌칙 아니고 집중
내 안의 목소리를 듣기 시작하며

 눈을 뜨면 가방을 정리하고 신발끈을 단단히 여미는 일이 일상이 되었다. 서로의 안부를 묻는 말 외엔 아무 말도 하지 않았다. 오전에 주어지는 시간은 각자의 사색 시간이었다. 나는 주로 묵주 기도를 드렸다. 가족 그리고 함께 투병 중인 환우들을 위한 기도였다. 꿈으로만 간직하지 않고, 함께 이 길을 한 발 내딛어보면 좋겠다는 바람에서 시작된 기도였다. 모두 이곳에 와보면 좋겠다.

오늘 도착한 마을에는 봉쇄 수녀원이 있다. 수녀님들은 외부와 철저히 단절된 채 살아가고 있었다. 면회조차도 철창을 사이에 두고서만 가능하다고 했다. 가족의 장례도 볼 수 없는 삶이었고, 자신이 죽어서야 이곳을 나갈 수 있다고 했다. 정말 괜찮은 걸까? TV도 신문도 없는 이곳에서 어떻게 지낸다는 걸까? 왜 그런 선택을 한 걸까? 어떤 부르심을 받아 이곳에 오게 된 걸까? 수녀원은 많은데, 왜 하필 봉쇄 수녀원이었을까? 물음표들이 머릿속을 가득 채웠다.

미사 시간이 되어 철창 안에 있는 수녀님들을 볼 수 있었다. 성체를 모실 때가 되자, 미사를 집전하던 신부님이 수녀님들 앞으로 다가가 작은 창구 틈으로 성체를 건넸다. 바라보는 내내 기분이 묘했다. 멍하니 지켜보고 있는데, 신기하게도 밖에 있는 우리보다 그 안에 있는 수녀님들의 얼굴이 더 밝아 보였다. 누군가가 말했다.

"철창 안에 우리가 갇힌 건지, 저분들이 갇힌 건지 모르겠다."

그 말에 나도 모르게 고개가 끄덕여졌다.
우리 집안에도 수녀님이 한 분 계셨다. 어렸을 적, 그분이 우리 자매를 보며 종종 말했다.

"둘 중 누가 수녀원에 갈래? 한 명은 수녀님이 되는 것도 좋지."

그때까지만 해도 차분한 성품을 지닌 언니가 유력 후보였다. 공부 잘하고, 몸 약한 (엄마는 아까우셨던지) 언니를 제쳐두고 말했다.

"가연아, 수녀님이 되어보는 건 어때?"
"내가 수녀원에 들어가면 수녀님들 속세에 눈 뜨게 해서 다 데리고 나올걸, 괜찮겠어?"

절대 수녀가 되는 일이 내 길일 리 없다는 듯 말했다. 난 동성 친구들과도 소통이 어려울 때가 많았다. 하나하나가 고난일 것 같은 예감에 고개를 절래 절래 저었다.

언젠가 한번은,

"집안에서 여자 한 명이 군대에 가면 남자는 면제라는데 네가 가볼래?"

이런 얼토당토한 말을 한 번씩 툭툭 던지는 엄마였다. 이건 진심이었다. 삼 남매 중에서 제일 덩치가 좋고 성격이 활동적이라 생각해서인지 종종 넌지시 속마음을 비추곤 했다. 엄마 눈에 여려보이는 언니와 여자들 틈에 자라서 눈물이 많았던 오빠를 제쳐두고 내가 더 적합하다 는 판단이 들었다고 했다.

그러던 중 지인의 추천으로 수녀원에서 하는 1박 2일 대침묵 피정에 참가하게 되었다. 피정은 시작부터 끝까지 철저히 침묵을 지켜야 했다. 유일하게 입을 뗄 수 있는 시간은 성경을 읽는 시간이었다. 참가자들이 하루에 세 번 성경책을 들고 모여 눈에 띄는 성경 구절을 낭독하는 '렉시오 디비나'라는 프로그램이 있었다.

이 프로그램이 뭔지도 모른 채 참가하게 된 피정이었다. 단순히 수녀원에서 하는 피정이니 성경 말씀 나누고 미사나 드리는 일정이겠거니 하는 가벼운 마음으로 참여했다.

도착하자마자 제일 먼저 스마트폰을 반납해야 했다. 이건 벌칙처럼 느껴졌다. 스마트폰 중독이었던 나는 핸드폰을 손에서 놓는다는 걸 한 번도 상상해본 적이 없었다. 이 시간은 잠시 세속의 일상을 내려놓고 온전히 자신에게 집중해보는 귀한 시간이라고 했다. 솔직히 전혀 귀할 것 같지 않았다. 뭐든지 들으면 머리로 생각하기보다 검색하는 게 습관이었기에, 설명만 들었을 뿐인데 답답해서 밖으로 뛰쳐나가고 싶었다.

 간단한 자기소개 후 일정을 들었다. 각자 배정된 방에 들어가서 쉬어도 좋고, 뒷 마당에 있는 포도밭 산책을 해도 좋다고 했다. 한참 동안 심심하고 무료함에 가만히 있지 못 했다. 방 안에 비치된 책도 읽어보고 침대에서 뒹굴 거려 보기도 했지만 도무지 시간은 흐르지 않았다. 모든 것이 멈춰버린 공간에 혼자 갇혀 있는 기분이었다.

 아무것도 안 하고 누운 지 두 시간이 지나자 어느새 이 고요함 속에서 느끼는 평온함이 좋아지기 시작했다. 천천히 흙을 밟고 싶어 포도밭으로 산책 갔다. 맨발로 걸으며 이 피정을 추천해준 지인을 생각해 보았다. 몸이 회복 된 이후 성당 활동으로 너무 바쁘게 지냈다. 주로 사람들의 이야기를 많이 들어주는 시간을 가지며 지치고 힘들 때도 많았다. 그런데 정작 내 안의 소리는 들어 보지 못했던 것 이다.

조용히 산책을 마치고 그곳에 계신 수녀님들을 물끄러미 바라보게 되었다. 어쩌면 주님뜻에 따라 사는 것도 괜찮겠구나 싶었다. 이렇게 지내는 것도 나쁘지 않겠구나. 매일 기도하고 묵상하며 사는 삶. 세상 것에 욕심내지 않고 주어진 대로 가진 것에 만족하며 사는 삶. 호기심 반으로 시작한 생각은 끝임없이 나에게 되묻고 있었다. 이들과 함께하고 싶었다.

몇 달 후에도 수녀원에 들어가고 싶은 생각은 변함이 없었다. 다시 피정을 참여하게 되었고, 담당 신부님과 면담을 하게 되었다. 내 이야기를 한참 듣더니 조심스레 말씀하셨다.

"죄송하지만 받아주기가 힘드네요. 이곳에서 생활하다 몸이 안 좋아진 거면 저희가 끝까지 데리고 가지만 자매님은 아팠던 상태에서 들어오시는 거라 저희가 받아들이기가 어려워서요."

 이게 현실이었다. 마주하기 싫은 현실이었고 모든 게 수용가능 할 것 같았던 종교인들이라 해서 세상 사람들과 크게 다르지 않았다. 당연한 것 이다. 이제 다른 방법을 찾아야 했다.
 '꼭 수녀님이 되어 성당 활동을 이어나갈 필요는 없다.' 생각하고 정신승리를 해버렸다.

 돌아오는 길, 괜히 마음이 싱숭생숭했다. 어쩌면 나도 모르게 기대했던 건지도 모르겠다. 그저 호기심 반으로 시작했던 마음이 어느새 진지해졌고, 잠깐이었지만 진심이 되었던 것 같다. 수녀님이 되지 못한다 해도 괜찮다. 꼭 그런 방식이 아니어도, 나만의 방식으로 기도하고, 살아갈 수 있으니까. 그렇게 살면 되는 거니까. 내 안에 있던 조용한 목소리를 다시 꺼내어 들어준 것만으로도, 피정은 내게 충분히 의미 있었다. 세상으로 다시 나가더라도, 그 고요했던 시간을 가끔 떠올릴 수 있다면, 그걸로 족하다.

나랑 걸을래? 헤어질래?
길 위에서 만난 사람들

 가장 올라보고 싶었던 철의 십자가 앞에 서는 날이었다. 아침부터 비가 내려 걱정했지만, 얼마 못 가 옷이 다 젖고 나니 오히려 걱정이 사라져버린 기분이었다. 시작부터 언덕을 오르고 또 올라 결국 산의 정상에 닿았다. 십자가 앞에는 사람들의 마음이 고스란히 놓여 있었다.

 작은 사진, 기도문, 편지가 가득했다. 이날도 사람들

은 약속이나 한 듯 주머니에서 정성껏 준비해 온 것들을 꺼내놓았다. 나도 준비해 간 작은 돌에 기도가 필요한 이들의 이름을 적어 내려놓았다. 한국에서 나를 위해 기도해주는 사람들을 위해 작게나마 보답할 수 있다는 마음에 기뻤다. 그 순간을 담아 사진을 찍었고, 바로 프로필 사진으로 바꿔두었다.

잠시 후, 명단에 없던 친구에게서 메시지가 왔다.

"왜 내 이름은 없어?"
"지금은 기도가 꼭 필요한 아픈 사람들 위주로 썼어."
"유아인이랑 지드래곤도 아프대?"
"응. 마음이 많이 아플 거야. 대중의 인기를 먹고 사는 게 쉽진 않으니까."

괜히 사진을 올렸나 싶었다. 서운하다는 연락이 몇 개 더 왔다. 다행히 며칠 후, 다시 만난 길목에서 또 하나의 기도 공간을 발견했다. 이번에는 같은 실수를 반복하지 않겠노라 다짐하며, 몇 안 되는 지인들의 이름까지 빠짐없이 적어 올렸다. 그리고 다시 프로필 사진도 바꿨다.

  나는 인간관계가 서툴러 소수의 지인과 가족만 곁에 두고 살아왔다. 산티아고 순례길에서는 다양한 국적과 사연을 가진 사람들을 만날 수 있었다. 어딘가에서 "뷰티풀! 뷰티풀!"을 외치는 소리에 돌아보니 하얀 백발의 어머니와 아주 예쁜 딸이 보였다. 두 사람 사이에는 긴 지팡이가 있었다. 딸은 앞이 보이지 않는 엄마와 지팡이를 사이에 두고 서로를 의지하며 걷는다고 했다.

  그날따라 하늘이 유난히 새파랗고 예뻤다. 우리는 함께 하트 모양 구름도 찾아냈다. 연신 "뷰티풀"을 외친 사람은 다름 아닌, 앞이 보이지 않는 엄마였다. "새소리랑 바람 냄새가 너무 좋아서 외친 거야."라며 웃던 그는, 이곳에 와서 모든 걸 이룬 것 같다고 했다. 모든 순간이 완벽하고 황홀하다고. 그 해맑은 표정과 음성은 아직도 잊히지 않는다.

새벽에 길을 나섰을 때 한국인 부부를 만났다. 몇 년 전 은퇴 후 처음 순례길에 왔다가 지평선과 예쁜 하늘에 반해, 남편이 10년간 매년 오자고 약속해서 지금 세 번째 순례 중이라고 했다.

"내가 여길 왜 또 왔는지 첫날부터 후회막심이야."
"이렇게 힘든 데를 열 번이나요?"
"여기가 그래. 지금은 죽을 것 같지만, 집에 가면 또 이 길이 그리워서 설레."

이 부부를 11일째 아침에 만났는데, 그 이야기가 도무지 이해되지 않았다. 나는 이곳을 몰랐으니 왔지, 알았더라면 절대 안 왔을 거라며 혼잣말처럼 소리쳤다.

그래도 시작했으니 마무리는 해야지. 돌아가고 싶은 마음이 불쑥불쑥 올라올 때마다, "책임지자. 지금 돌아가면 창피하잖아."며 나 자신을 다독이며 하루하루를 보내고 있었다.

그러던 어느 날.

"호야, 이번은 서른 기념이니까 마흔에 한 번 더 올까? 우리도 10년에 한 번씩?"
"그러자! 나쁘지 않지 뭐."

우리에게도 변화가 생기고 있었다. 여정의 끝이 가까워질수록 묘한 아쉬움이 몰려왔다. 또 걷고 싶어졌다. 걷는 게 죽기보다 싫다며 고래고래 소리치던 내가, 다음 여행을 계획하고 있었다. 처음엔 고개조차 들지 못했어도, 어느새 오후만 되면 노래를 부르고, 무거운 배낭을 멘 채 뛰어다니기 시작했다.

"너희 어디 잘못된 거 아냐? 안 힘들어? 왜 뛰어다녀?"

함께 걷던 외국인들이 놀란 눈으로 물어왔다.

사실 나도 처음엔 그런 사람들을 보며, '쟤네는 힘들지도 않나? 어떻게 저렇게 매일 밤마다 파티를 하지?' 하고 놀랐다. 알고 보니 술기운이라도 빌려야 걷는 게 가능하다고, 그저 생존을 위한 술판이었다.

가장 힘든 시간인 오후 1시부터 목적지까지, 우리는 뛰어다녔다. 며칠 전만 해도 오후만 되면 고개조차 들지 못한 채, 돌밭과 흙, 달팽이만 보며 걷던 우리였다. 그 모습을 안쓰럽게 지켜보던 어떤 친구가 다가와 말을 걸었다.

"오전부터 너 뒤에서 봤는데, 너무 힘들어 보여. 이거라도 먹어봐."

그가 건넨 건 근육 이완제였다. 괜찮다고 했지만, 그는 물까지 건네주며 꼭 먹으라 했다. 그로부터 며칠 뒤, 우리는 웃고 떠들며 마치 신들린 사람처럼 걷고 있었다.

한편, 구석에서 한숨을 푹푹 쉬던 미국인이 있었다. 여길 너무 오기 싫었지만 여자 친구가 함께 걷지 않으면 결혼을 안 하겠다고 해서 억지로 왔다고 했다. 투덜대긴 해도 정작 그는 여자친구가 일어나기 전에 먼저 일어나 짐을 챙기고, 식사를 준비한 뒤, 가장 따뜻한 미소로 그녀를 깨웠다. 혼자 있을 땐 투덜대던 그가 그녀 앞에서는 누구보다 다정한 사람이었다.

미국에서 이민 생활을 하신 70대 할아버지도 만났다. 겉보기엔 50대 후반쯤으로 보였는데, 순례길을 23일 만에 완주했다며 자랑하셨다. 보통 40일 정도 걸리는 길이라 사람들은 대단하다고 칭찬했지만, 나는 조금 갸웃했다.

'이 길을 그렇게 빨리 걸어서 뭐 하시려고…? 천천히 걷고, 자신과 대화하며 돌아보는 길이라 생각했는데…'

물론, 그건 나만의 생각일 뿐이었다. 어떤 사람들은 "산티아고 길? 나 23일 만에 다녀왔지!" 하고 자랑하고 싶었을 테니까.

유난히 단체로 온 한국인들도 많았다. 짐은 우버로 보내고, 물 한 병과 지갑만 들고 걷는 사람들. 숙소는 여행사에서 미리 예약해두었다. 순례자들이 이런 사정을 모른 채 조금만 늦게 도착하면 자리가 없어 다음 마을로 이동해야 했다. 이동 거리만 최소 10km 이상. 불편은 결국 순례자들의 몫이었다.

숙소의 기본 룰조차 무시되는 일도 많았다. 입실 순서대로 2층부터 채워야 하는데, 한국인 단체는 편한 1층 침대를 다 차지하고 있었다. 그로 인한 분쟁도 생겨났다. 싸우는 일이 거의 없던 이 길에서 목소리가 높아지는 장면이 종종 보였다.

하얀 수염이 인상적인 일본인 할아버지는 매년 여름, 일주일간 휴가를 내어 이곳을 걷는다고 했다. 벌써 5년째라 했다. 40일을 내야 한다는 부담에 친구는 정년 후에나 와야겠다고 했는데, 이런 방식도 가능하구나 싶었다. 조각조각 모아 완성해가는 것, 어쩌면 그게 더 값진 일일지도 모른다.

그리고 마침내, 최종 목적지인 꼼포스텔라 성당에 도착했다. 그냥 바닥에 누웠다. 광장에 드러누워 남들 다 찍는다는 '발사진'도 찍고, 한참 동안 하늘을 바라봤다.

저녁이 되자 미사가 열렸다. 우리나라에서는 보기 힘든, 거대한 향을 피우는 의식이었다. 알고 보니 수백만 원의 기부자가 있을 때만 열리는 특별한 미사였다. 거

대한 향이 흔들릴 때마다, 오랜 여정을 걸어온 시간들이 향처럼 천천히 마음속을 감쌌다.

그리고 그제야 알게 되었다.
이 길은 목적지가 아니라,
매일매일 마주했던 작은 순간들이 전부였다는 걸.

"우린 완벽했어, 손에 피 안 묻히고"
마흔에 또 오자, 안 되면 쉰에

여기는 피니스테라. 스페인의 서쪽 바다. 순례자들은 여행 중 자신의 메고 있던 짐을 태워버리기도 한다. 바다를 보며 와인 한 병 마시는 게 이 여정을 마무리 짓는 상징 같은 행위다. 우리는 목적지에 도착하기 전 마트에 들렀다. 나는 알콜 분해효소가 없는 몸이라 잘 안 마시지만 여기서 만큼은 기분을 내보겠다며 한껏 들뜬 모습으로 와인을 골랐다. 나는 한 병, 친구는 두 병.

"호야! 너 그러다 죽어~"

 나의 외침은 끝날 줄 몰랐다. 술에 취하면 달리는 택시에서 툭 내려 친구들의 애를 태웠다는 자신의 이야기를 한 이유가 오늘을 위한 것이었을까. 화려한 전적이 있는 그녀의 주량은 와인 두 병. 내 몫까지 세 병을 마시니 미쳐 날뛰기 시작했다.

 우려스러운 마음에 바닷가를 뛰는 친구를 잡아 놓아야 했다. 힘은 또 어찌나 센지 혼자 잡아 두기에는 역부족이었다. 벤치에 앉아 숨을 고르고 있는 모습이 보이길래 제발 좀 가만히 있으라며 진정시키려 옆으로 가면 꺄르르 웃으며 뛰고 더 뛰었다. 더이상 감당하기 힘들어져 숙소에 있던 남자들에게 도움을 청했다. 그들도 땀을 뻘뻘 흘리며 20분을 같이 뛰어다닌 후에야 그녀를 진정 시킬 수 있었다.
 "환장하겠네. 뭐 저런게 다 있나. 진짜 미쳤다 쟤."

우리는 산티아고 대성당에 도착한 이후 이제 끝났다는 안도감과 동시에 아쉬움이 몰려왔다. 그곳에서 이틀을 머문 후 고심 끝에 바다가 있는 피니스테라까지 100km를 더 걸어보기로 했다. 새로운 발걸음으로 바다를 향하는 첫날 어디서도 보지 못한 형태의 사람을 만났다.

"저 사람, 어제 광장에서 봤던 사람 같은데?"
"하늘의 은총이 콤포스텔라 성당까지였나 봐. 어떻게 해."

 나체였다. 새벽 6시 어두컴컴한 골목이었지만 가로등 아래 당당히 서 있던 그의 몸을 아주 적나라하게 볼 수 있었다. 그는 신나게 온몸을 흔들며 우리에게 다가왔고, 난 눈물을 글썽이고 있었다. 어릴 적 추억 덕분인지 그런 상황이 닥치면 몸이 굳고 눈물부터 나왔다.

"걱정마, 가연아! 나 태권도 했어. 나만 믿어."

 기세를 부리던 친구는 말과 달리 나와 함께 떨고 있었고, 우리는 누가 먼저랄 것 없이 자연스럽게 뒷걸음질 치고 있었다. 그리고 멀찌감치 오는 프랑스 친구들과 발을 맞춰 일행처럼 움직이기 시작했다. 그는 이상한 웃음소리를 내며 우리를 따라오다가 이내 골목 사이로 사라졌다.
 "별일이 다 있네. 그래도 우린 완벽했어! 손에 피 안 묻히고 현명하게 잘 대처했어!"

 우린 마치 아무 일 없었다는 듯 기세등등하며 소란스럽게 새벽 골목을 웃음소리로 가득 차게 만들었다.

 처음으로 친구에게 이 길에 왜 올라서게 되었냐고 물었다. 한 달 넘게 동행하면서 한 번도 묻지 않았다. 어쩌면 이야기를 기다렸는지도 모른다. 그녀는 3년 전 아버지의 마지막 전화를 받지 못한 게 끝내 한이 되었다고 한다. 떠나시기 전 자신에게 전화를 했지만 업무 처리하느라 못 받았다. 열일 체쳐두고 그 전화를 받았으면. 마지막 목소리라도 들어봤으면. 친구처럼 지내던 아버지였기에 더 기가 막히고 슬펐다고 한다. 그래서 3년 동안 끊임없이 자책하며 질문했다고 했다.

그렇게 맞닿은 우리의 스물일곱. 서로의 이야기를 하며 대체 우리의 스물일곱의 해엔 무슨 일이 있었기에 이런 일들이 한꺼번에 닥쳐왔을까. 친구는 단순히 삼재였다며 쓴웃음을 지었다. 지금 보니 내 인생에서 이 친구를 만나게 된 일. 이 이야기를 듣게 된 일은 어쩌면 머나먼 미래의 나에게 닥칠 일에 대해 예견 해준게 아닌가라는 생각이 든다. 우린 너무나 닮아있었고 앞으로 펼쳐질 이야기는 더욱 놀라운 일들이 많을 것을 보여주었다.

"호야 넌 여기 다시 올 거야?"

"너랑 약속했잖아. 10년에 한번씩 오기로."

 우리는 마흔에 이곳에서 다시 만나자는 약속을 했지만, 지금 친구는 8살 아이를 키우고 있다. 육아로 인해 참여가 어려우니 아쉬움에 혼자라도 다녀오라 한다. 다시 길을 나서는 일이 두려웠던 나는 시간을 벌었다.

"너를 두고 혼자 갈 수 없지! 우리는 쉰 살에 같이 가면 되니까 괜찮아."

 아는 맛이 무서워서 피하고 있지만, 종종 날씨가 좋아 하늘을 볼 때, 어디선가 산티아고 이야기를 들으면 다시 짐을 꾸리고 싶다는 생각이 든다. 무탈히 만나길 바라는 나의 쉰 살. 다시 만나게 될 산티아고 길 위에서 재회를 생각하면 그 친구의 존재는 고맙고도 감사하다.

3장

하늘이 되었다

화장품 공구, 살기 위해 했습니다
천국에 먼저 간
성모 꽃마을 38기 동기들에게

"가연아, 너 그러다 큰일 나."
"한 조각 만 드세요. 괜찮아 괜찮아."

방에 누워 수다를 떨다 치킨이 가장 먹고 싶다는 이야기를 듣고 바로 치킨을 시켰다. 이제 막 항암을 마치거나 항암 중인 사람들은 진짜 치킨이 배달되자 기절할 듯 놀랐다. 나는 먹고 싶은 건 먹고살자는 주의였다. 나를 제외한 대다수의 사람 들은 물 한 모금조차 엄격하게 관리해야 한다고 이야기했다.

엄마는 직장 때문에 곁에서 돌봐줄 수 없어, 미안한 기색을 감추지 못한 채 조심스레 말했다.

"시설이 잘 갖춰진 요양원에 가는 건 어때?"

나는 고개를 저었다.

"환자들이랑 같이 있으면, 내가 더 아파져서 힘들어."

내 감기 기운이 앞자리 사람의 말기 암보다 더 괴로울 리 없다는 건 알았다. 그 사실을 이해하고 받아들이고 싶지 않았다. 그 스트레스가 가슴속에 뿌리처럼 내려앉았다.

"크리스티나, 청주에 성모 꽃마을 이라는 곳이 있어. 거기 가 볼래?"

성당 지인은 청주에 신부님이 운영하는 암 환자 교육 시설을 추천해 주셨다. 그분의 말을 듣고 마음이 흔들렸다. 엄마의 걱정을 줄여주고 싶었던 것일까. 매일 미사 책 맨 뒤 표지에 몇 년째 광고가 실리는 곳이긴 하지만 눈여겨본 적은 없었다. 일주일 교육을 들으면 일주일 쉼터를 이용하거나, 한 달 동안 장기 요양을 할 자격이 주어진다고 했다. 특별한 일정이 없던 나는 접수일을 기다렸다.

매월 둘째 주 월요일에 접수 전화만 받는다. 입소문을 타고 인기가 많아져 입소가 어렵다는 이야기를 들었다. 담당자 연결이 얼마나 어려운지 몇 번의 고배 끝에 통화가 이루어졌지만, 대기자로 남아야 했다. '이 교육이 더 필요한 사람이 있겠지' 대기하는 것조차 잊혀져 갈

때쯤 나에게 기회가 왔다.

　낯가림이 심했던 나는 기대 반, 두려움 반으로 38기로 입소했다. 하루의 일정을 간략하게 듣고 6인실 배정을 받았다. 다양한 연령층 사람들을 만날 수 있었다. 우리 기수 중에서 내가 가장 어렸다. 나의 철없는 말과 행동에도 언니들은 그저 웃으며 잘 챙겨 주었다.
　"이거 유기농이에요? 간이 너무 쎄다. 환자들을 이렇게 해주면 어떡해."

　첫 날 저녁. 여기저기 불만이 터져 나왔다. 차라리 환자식이 아니어서 좋았다. 정성 가득 들어간 샐러드와 각종 나물, 다양한 조리법으로 만든 음식들. 시중에서 쉽게 볼 수 없는 식재료를 쓰니 색다르고 맛있기만 했다. 볼멘 소리가 들리자 신부님은 예상했다는 듯 당황하지도 않고 의연하게 대처했다.

"다들 집에 가면 외식 안 할 거예요? 여기서 일주일 환자식 한다고 뭐 달라지나?"

틀린말이 아니기에 조용해졌다. '굳이 왜 맛없는거 먹으면서 스트레스를 받는가'의 내 생각과 크게 다르지 않다는 것이 맘에 쏙 들었다.

오전에 미사를 드리고, 2시간 정도 교육을 받았다. 암환자가 된 사람들이 앞으로 어떻게 살아가야 하는지를. 그리고 오후에 잠깐 레크레이션을 하고 나머지는 모두 휴식 시간이 주어졌다. 너무 편하고 좋았다. 고요함도 좋았다. 저녁이 되면 정원 가운데 크게 세워져 있는 예수님 동상 앞을 맴돌았다. 갑자기 암환자가 되면 적절한 치료도 중요하지만 심적 위안이 더 필요한 상황이 된다.

교육을 받으며 친해진 우리는 장기요양을 신청하기

로 했다. 한 달을 같이 보내는 시간을 갖게 된 것이다. 교육생들 중에서 비교적 어린 편에 속해서 였을까. 화장품 이야기, 다이어트 이야기가 주를 이루었다. 옆방의 어르신들이 말하는 건강식품에는 관심 없었지만 어떤 화장품이 좋다고 하면 함께 공구를 진행했다. 당시 108배가 살 빼는데 특효라고 하자 우리는 매일 오전 강당에 모여 108배를 연습했다. 다양한 부상자가 속출하여 일주일만에 멈춰야 했다.

 우리는 하루하루가 두려웠지만 즐거웠다. 공기 좋은 곳으로 여행도 함께 했다. 평창으로 가는 길에 어느 가수의 자살 기사를 보게 되었다. 그의 선택에 주영언니는 한 숨을 쉬었다.

 "우리는 하루라도 더 살아보려고 발악하느라 이 곳 저 곳 찾아다니는데, 진짜 허무하다."

그 사람은 얼마나 힘들었기에 그런 결정을 한 걸까. 몸이 아픈 것과 마음이 아픈 것이 크게 다르지 않다는 생각이 들었다. 나 또한 너무 아플 때 그런 생각을 해보았기에 이해가 됐다.

세 살 아들을 키우고 있는 보순언니가 말했다.

"난 오늘도 우리 경목이 스무살까지 만 살게 해 달라고 기도했어."

그 기도를 너무 잘 들어주신 걸까. 다른 기도는 안 들리셨던 걸까. 두 번의 재발에도 잘 버텨온 언니였다. 올해는 아들이 열 아홉. 지금 한 달 전부터 고열이 떨어지지 않는다고 한다. 내가 보낸 카톡 메시지의 숫자가 없어지지 않는다. 성모 꽃 마을 38기. 하나 남은 내 마지막 동기. 하늘에서가 아니라 지상에서 만나길. 이 걱정도 나의 기우였길 간절히 바란다.

내가 쓴 글이 상을 받았을 때 시력이 떨어져 볼 수 없다고 녹음해서 보내달라던 주영언니,

여자는 피부가 생명이라며 양산이 없으면 밖을 나가지 않던 뽀얗고 예쁜 진선이,

청담동 며느리지만 박근혜와 문재인 사이에서 홀로 싸우고 있던 나리언니,

(내가 마흔 되니 이해되는) 늘 만 나이로 자신을 소개하던 현욱언니,

인기 많은 블로거가 될 수 있었던 주영언니,

모녀가 유방암에 걸려 엄마와 교육을 같이 듣게 된 승희언니,

백치인가 싶을 정도로 언제나 밝은 미소로 함께 웃게 만들었던 히피족 수정언니.

이제 나와 보순언니만 남겨놓고 하늘에서 천국의 친구가 된 사람들.

우리 동기들은 지상의 지분보다 하늘의 지분 더 많아

졌다.

  오늘도 하늘에 대고 말한다.

"조금만 더 놀다 갈게. 어디 가지 말고 기다려."
"낯선 곳 무서워 하니까 모두 버선발로 마중 나와야 해"
"우리 꼭 만나자."
"다들 그때까지 안녕."

반나절에서 나흘, 아빠의 가출은 길어졌다
호의와 호구의 경계, 긋지 못해 생긴 우울증

"짜요~ 이리와 봐, 짜요 어디 갔어?"

강희가 묻는다.

"이모, 짜요가 누구예요?"
"네가 한번 불러봐 누가 대답하는지."

아빠가 엄마에게 붙여 준 사랑스러운 별명이었다.

"짜요! 짜~ 조금씩 먹어야지!"

 엄마는 식사 때마다 젓갈은 짜니까 조금씩 먹으라고 당부하고 있었다. 짠 음식을 주지 말던지, 왜 주면서 옆에서 잔소리하냐는 아빠의 투정이 이어졌다. 끊임없이 반항을 함에도 불구하고 엄마는 좀처럼 굽히는 법이 없었다. 이내 해탈한 아빠는 엄마에게 새로운 별명을 붙여주고 나서야 속이 좀 풀렸는지 이내 투덜거림이 사라졌다.

 엄마는 전남 고흥에서 나고 자랐지만 열여덟 살 아침은 서울에서 맞이하게 되었다. 외숙모가 시집오고 난 후 2개월 만에 독립 선언을 했다. 집에 여자들이 많아 더 이상 손이 필요하지 않다는 합당한 이유였다. 집을 나선 후 찾아간 곳은 방직 공장. 그곳에서 일하게 된 엄마는 시집을 가기 전까지 7년 동안 단 한번도 결근을 한 적이 없었다. 보통 선을 봐서 결혼을 하던 시대에 흔치 않았던 3년간 연애(2년 연애, 1년간의 공백)를 하면서도 말이다.

 엄마는 아빠가 처음부터 맘에 안 들었다. 데이트를 하러 나온 사람의 차림새가 맘에 쏙 들지 않았다고 한다. 후줄근한 옷에 무슨 자신감인지 매번 슬리퍼를 신고 엄마를 찾아왔다. 그래서 데이트 요청이 와도 비가 오면 안 나가고, 야간 출근이여도 오후 출근이라며 한 두 시간 만나주고 다시 회사로 들어갔다고 했다. 단 한가지 맘에 든 것은 얼굴뿐 이었다고 한다.

 아무리 생각해도 이 사람과 결혼은 아니다 싶어 1년의 공백기를 가졌다. 그때 할머니, 할아버지가 회사로 찾아왔다. 우리 아들 살려달라고. 한 번 만 다시 만나달라고 애원했다. 엄마는 그때 나의 성실함이 이렇게 인생을 송두리째 바꿔 놓을 줄 몰랐다고 한다. 인생에서 가장 후회되는 대목 중 하나였다고.

 두 분은 정반대의 성향이다. 엄마는 허술해 보이지만 계획적으로 사는 사람이었고, 아빠는 오늘 하루만 행복하면 되는 사람이었다. 결혼 생활이 순탄했을 리가 없었다. 스물 다섯에 결혼한 아빠는 그저 친구가 좋고 사람이 좋았다. 평생 가족보다 외부 사람들을 정성껏 살피는 사람이었다. 이따금 우리에게는 다정했던 아빠지만 엄마에게만은 따듯하지 못한 모습을 보며 서운할 때가 많이 있었다.

 아빠의 직업은 전기 기술자였다. 일당이 센 편이었지만 비가 오는 날은 현장이 모두 쉬어 일을 할 수 없었다. 매달 벌어오는 벌이가 일정치 않았다. 엄마는 세 아이를 키우며 버거움을 느꼈다. 평소 엄마를 예쁘게 봐온 당숙모 할머니는 교장 선생님을 하고 계신 할아버지를 설득해 아빠를 학교로 불러주셨다.

 아빠는 공무원은 급여가 적어서 싫다고 했다. 엄마는 좋은 기회를 놓치고 싶지 않았다. 월급을 안 갖다 줘도 괜찮으니 아이들 학자금이라도 보탤 수 있게 다니자고 했다. 약속을 지키듯 엄마는 아빠의 급여에 일체 관여하지 않았다. 그래서 돈을 벌면 아빠는 주로 자신을 위해서 썼고, 월급의 30프로 정도만 집에 갖다 줬다.

 정년 퇴임 할 시기가 되었다. 학교에서는 기간제로 다시 남아서 일을 더 해달라는 부탁을 들었지만 거절했다. 기동력이 좋았던 아빠는 바깥 공기가 쐬고 싶었던 것이다. 시간이 많아지자 친구들과의 교류가 더 활발해졌다. 중장비를 하는 친구의 현장에가서 친구의 일을 돕는게 더 의미있는 일이라고 생각했다.

 손재주가 좋아 여기저기서 아빠를 찾는 일이 많았다.

퇴임 전에도 주말이 되면 출근하는 날 보다 더 바쁘게 움직였고 사람들의 사소한 부탁을 다 해결해주었다. 잠을 자다가, 또는 가족들과 식사를 하다가도 매일 어딘가로 출동해야 했다. 심지어 동네 아주머니들의 장을 볼 때도 아빠의 차가 유용하게 쓰였다.

친구가 있던 현장에서는 하나둘씩 맡겨지는 일들이 많아졌다. 거절 할 줄 모르는 성격을 가진 아빠가 처음에는 좋게 행했던 일들이 점점 도를 넘어서고 있었다. 호의가 반복되면 호구가 되듯 옆에서 보기에는 답답 했지만 아빠는 그마저도 즐겁게 응하고 있었다. 내색을 안 했기에 그런 줄만 알았다.

어느 날부터 정신을 못 차릴 정도로 술을 마시기 시작했다. 길가에 누워있다가 경찰차를 타고 귀가 하는 일이 생겼다. 대리운전 기사에게 험한 말을 해서 감당하기 힘들다는 말도 들려온다. 아파트 화단에 누워계신다는 연락을 몇 번 받았다. 그런 일이 있은 후 경비 아저씨는 단지내 누워있는 사람만 보면 새벽 4시에도 인터폰을 눌러댔다. 아저씨 귀가 하셨냐고. 평생 가족보다 친구가 우선이었던 아빠가 흔들리기 시작했다. 엄마에게 종종 이런 말을 했다고 한다.

"술은 다 내가 사주는데 막상 필요한 때가 되면 내 편이 없어."

단 한번도 서운하다는 이야기를 한 적이 없었다. 오히려 자신의 친구에 대해 안 좋게 이야기하면 언제나 우리를 나무랐다. 이제는 가만히 듣는다. 사사건건 온갖 짜증 섞인 투정을 부리기 시작했다. 믿었던 친구에게, 그리고 주위 사람들에게 회의감이 들었던 것이다. 우리는 몰랐다. 아빠는 우울증이 시작됐다. 주어진 일이 대가를 바라고 시작한 건 아니지만 언젠가는 사람들이 자신의 마음을 알아 줄 것이라 생각 했지만 현실은 달랐다.

장마가 시작되기 전, 아빠가 사라졌다. 예전에도 부부싸움을 하다가 본인의 화에 못 이겨 종종 집을 나섰지만, 반나절이면 돌아왔다. 이번엔 달랐다. 벌써 나흘째라고 했다. 엄마는 우리에게 알리지 않았다. 힘없는 엄마의 목소리에 무슨일이 있는지 꼬치꼬치 물으니 대답했다. 자식들한테 걱정거리를 만들어주고 싶지 않았다고. 늦게나마 이 사실을 안 오빠가 아빠를 찾아갔다. 이틀 후 아빠는 집으로 돌아왔다.

그로부터 두 달 후, 아빠는 다시 집을 나섰다. 월요일 새벽 5시였다.

안녕, 베드로
아빠와 매일 이별하는 중

친구에게 카톡 하나를 남기고 사라졌다.

'도로 위에서 패혈증으로 사망'

 아침 7시 반, 이상한 메시지가 왔다고 아빠 친구에게 전화가 왔다. 안 좋은 상황을 직감한 엄마는 바로 고모한테 연락했다.
 "고모, 아버님께 오빠한테 전화 한 번만 해달라고 부

탁해도 될까? 연락이 안 되고 있어."

"누굴 죽이려고 그래? 절대 이야기하지 마!!"

 전화를 받지 않는다. 동네에서 유명한 효자였기에 할아버지의 번호를 보면 생각을 바꾸지 않을까 싶어 마지막 끈을 잡고 싶었던 엄마였다. 고모는 매몰차게 거절했다. 우리는 끊임없이 전화를 하고 또 하고 있었다. 소식을 들은 오빠는 자살 의심 신고를 했다. 실종 신고를 하면 시간이 오래 걸린다 해서 선택한 방법이었다.

 오빠는 나에게 침착하라며 천천히 상황을 알려줬다. 믿지 않았다. 또 무언가에 수가 틀려서 하는 행동이라 생각했다. 단순한 해프닝 정도로 생각했다. 모든 일정을 중단하고 서해대교를 넘어가면서도 아빠는 겁만 줄 뿐 일을 저지르지 못할 거라 생각했다.

오전 11시. 경찰에 의해 발견되어 병원 응급실로 옮겨졌다. 다행히 아직 의식이 있는 상태였다. 의사가 말했다.

"치사율이 높아서 판매가 중단된 지 오래된 약인데 어떻게 구하셨는지. 살릴 방법이 없어요. 소변색을 보니 이미 전신에 퍼져서 오늘을 못 넘기실 겁니다."

말로만 듣던 그 약은 복용 후 단 한 명도 살아남은 사람이 없다. 그걸 우리 아빠가. 응급실에서 만난 아빠의 모습은 이미 지쳐있었고 손톱이 보라색으로 변하고 있었다. 누워있는 모습을 보고 온 엄마는 얼마 못 살 것 같다고 담담하게 말했다. 이게 마지막이라고 했다.

오빠는 의사의 설명을 듣고 혈액 투석을 결정했다. 유일하게 할 수 있는 마지막 방법이라고 했다. 우리는 그게 썩은 동아줄이어도 잡아야 했다. 투석을 진행하니 아빠의 상태가 조금 호전되어 중환자실로 옮겨졌다.

"형수! 형수가 얼마나 볶아 댔으면 형이 이랬겠어?! 형수가 이렇게 만든 거 아니야??"

"xxxx. 너 지금 뭐라고 했어. 네가 힘들겠어? 우리 엄마가 힘들겠어!
 야 이 xx야 사과 안 해?!!! 어디서 그걸 말이라고 지껄여?!"

엄마를 지켜야 했다. 집안에 한 명은 미친년이 필요했다. 엄마랑 아빠는 맏이지만 동생들에게도 싫은 소리 한 번을 못 하던 사람이다. 작은 아빠의 느닷없는 공격에 엄마는 말문이 막혀 멍하니 앉아 있었다.

의식이 깨어난 아빠는 엄마에게 말했다. 발 아픈데 뭐 하러 왔냐고. 2주 전 술 취한 아빠를 부축하다 발가락이 골절되어 깁스를 한 상태였다. 엄마는 아빠를 만나니 참았던 눈물이 쏟아졌다. 차마 우리 앞에서 흘리지 못했던 눈물을 다 쏟아내고 있었다.

일주일 정도 지나고 아빠의 상태가 놀라울 정도로 호전되어 전원 상담을 하게 되었다. 동일한 양을 마신 할머니가 이 상태로 2년을 더 사신 케이스가 있다고 했다. 환자 상태가 좋으니 요양병원을 알아보라 했다. 아빠에게 이 사실을 알리고 병원을 옮기자고 하니 좋다며 웃어 보였다. 하지만 그날 저녁부터 섬망 증세가 시작되었다.

경과가 급속히 안 좋아져 임종 면회를 오라는 병원의 연락을 받았다. 집에서 대기하다가 얼른 할아버지를 모시고 병원으로 향했다. 일반 병실에 옮기면 만나면 되지 뭐 하러 이 밤에 가냐고 물었다. 지금 아빠의 상태를 설명해도 먼 산을 바라보셨다. 병원에 도착해 얼른 올라가야 하는 상황에도 새로 뽑은 내 차가 맘에 든다며 둘러보고 계셨다. 연세가 94세이셨고, 매일 소주를 한 병씩 드시는 습관 때문에 단순히 술에 취해서 하시는 행동이라 생각했다.

 아빠는 숨쉬기가 너무 힘들어 그만하고 싶다고 했다. 호흡기를 떼어 달라고 엑스표를 그으며 손짓만 할 뿐 눈도 못 뜨고 있었다. 우리에게 주어진 면회시간은 20분. 내가 할 수 있는 게 땀을 닦아주는 일 밖에 없었다. 옆에 있어 주고 싶었지만 의료진은 시간만 지나면 나가라고 닦달했다. 아빠는 그 힘든 시간을 혼자 보내야 했다. 온몸이 진땀으로 흠뻑 젖으며 생과 사의 길에서 오롯이 혼자가 되어 버텨야 했다.

 새벽 1시 22분. 거짓말처럼 호흡이 떨어졌다. 드라마에서 나오는 것처럼 천천히 톡톡톡 떨어지는 게 아니다. 그냥 툭. 아빠는 병원에 입원 후 15일 만에 우리 곁을 떠났다. 그제야 미안함이 몰려왔다. 인생의 허무함이. 너무나 큰 외로움이 느껴졌다. 2년 전부터 까칠하게 변해가는 모습을 보며 피해 다녔다. 왜 그런지 물으려 하지 않았다. 단순히 나이가 들어서 그런 줄 알았다. 현장직에 있는 친구들과 어울리다 보니 거칠어졌다고만 생각했다. 혼자 힘든 시간을 보내고 있었던 것이다.

부모님께서는 나에게 늘 하는 말이 있었다.

"우리 애기만 안 아프면 엄마 아빠는 걱정이 하나도 없어. 너만 괜찮으면 돼."

정말 나만 괜찮으면 되는 줄 알았다. 아빠를 돌아볼 새도, 엄마를 돌아볼 새도 없었다. 그 사이 아빠는 병들어 가고 있었고, 다들 현재를 살아가느라 아무도 그 사실을 알지 못했다.

지난여름, 아빠가 집을 나섰을 때 먼저 가서 안아 줄

걸. 어쩌면 그때 우리의 손길을 필요로 했을지도 모른다. 엄마는 알리지 않았다. 살아오면서 이런 일이 비일비재했기에 몇 년에 한 번씩 오는 감기와 같다 생각했다. 아빠가 필요한 건 우리들이 아니었을까. 한 번 더 물어봐 주고 안아줬더라면 아빠의 생각이 바뀌지 않았을까. 후회와 미안함이 꼬리에 꼬리를 물어 자책으로 이어진다.

식장을 차리기도 전에 일찍 소식을 들은 아빠의 지인들이 도착해 있었다. 한 분이 와서 엄마에게 조용히 말한다.

"형수, 면회 갔을 때 형이 말했어요. 더 이상 술로 형수랑 자식들 힘들게 하는 게 싫다고. 이제 곧 70인데 언제까지 힘들게 하냐고요. 너무 자책하지 말아요. 형수한테 가장 미안하다고 했어요."

성당 지인들의 전화가 이어졌다.

"가연아, 엄마한테 말해서 장례미사 신청해야지. 왜 자꾸 안 한다고 하셔?"

엄마가 성당 활동을 열심히 하고 있지만 장례 미사를 신청할 수가 없었다. 천주교에서는 자신의 생을 마감하는 일에 대해서 가장 큰 죄라 생각한다. 그래서 신부님들 중에서도 이런 선택을 한 사람들의 미사는 거부하는 경우가 많다. 요즘에는 우울증으로 인해 생겨난 병 중 하나라 생각해 많이 생각들이 달라졌다고 하지만 그건 아주 극소수의 경우였다. 계속되는 연락에 아빠는 세례만 받았을 뿐 활동을 안 하니 조용히 장례를 치르고 싶다고 했다. 다른 말은 모두 삼켜야 했다.

밤늦게 산티아고 길에서 만난 호가 도착했다. 나는 그날 새벽까지 경찰서에 서류를 갖다 줘야 해서 나서던 길이었다. 아빠에게 인사를 마친 호를 얼른 차에 태웠다. 차 안에는 숨소리만 들릴 뿐 서로 아무 말을 못 했다.

"우리가 왜 이런 일을 같이 겪어 가연아…"

 호가 말한다. 아버지를 보낸 아픔은 3년이 간다고. 참을 수 없어서 산티아고를 걸으며 몸을 괴롭혀 보자는 생각에 길을 나선 것이라 했다. 시간이 흐르니 조금 숨이 쉬어지는 거지 상처가 낫는 건 아니라고 했다.

 할아버지는 영정을 가만히 바라보다가 조용히 술을 한 잔 따른다. 입관식에서도 먼저 가는 아들의 볼을 수없이 어루만지며 눈물을 흘리신다. 이미 차갑게 굳어버린. 냉기 서린 아들을 끊임없이 만지고 있다.

"잘 가라. 잘 가… 아비 두고 가라…"

 임종 면회를 앞두고 할아버지에게 아빠의 상황을 이야기해도 다른 말을 했던 이유를 아무도 몰랐다. 할아버지는 치매가 시작된 상태라고 했다. 늘 우리에게 웃으며 이야기하고, 걸어서 30분 거리인 우리 집에 자전거로 10분이면 쌩하고 자주 들르시곤 했다. 극 초기여서 크게 티가 안 났던 것뿐 술을 마시면 기억을 못 한다고 했다.

장례식장에서 큰 소리가 울려 퍼진다.

"너희 아빠가 어떻게 죽은 줄 알아?!"

차마 할아버지, 할머니에게는 아빠의 원인을 설명할 수 없었다. 단순히 코로나 후유증을 이겨내지 못했다고 말씀드렸다. 이런 상황에도 불구하고 이모할아버지는 누구라도 들으라며 소리를 질러댔다. 장례를 마치고 이모할아버지의 '끊임없는 노력'으로 할아버지가 아빠의 이야기를 듣게 된다. 충격을 받은 할아버지가 쓰러지셨다. 그렇게 4개월 후, 아빠가 떠난 지 333일 만에 아들 곁으로 가게 되었다.

아빠의 유품을 정리하며 엄마가 말했다.

"매일 오후 4시만 되면 떨렸어. 오늘은 또 얼마나 마시고 들어오려나 싶어서."

엄마의 말에 가슴이 미어진다. 힘듦을 한 번도 내색하지 않았다. 유난히 나를 예뻐했던 아빠가 술에 취한 채로 내 방으로 들어올 때면 술 냄새나면 스트레스받는다고 늘 문 앞을 막아섰다. 엄마는 다른 이유보다 아빠가 아픈 딸을 두고 가는 게 너무 미웠다고 한다. 그렇게 예뻐하던 막내딸 곁에 평생 있을 줄 알았는데 이렇게 떠나서 더 허망하다고 했다. 벌써 너무 보고 싶다고. 너무 사랑한다고 우린 언제쯤 만날 수 있는 거냐고 수없이 이야기한다.

우연히 보게 된 엄마의 일기장

> 이상히 별씨 9월 13일이면 꾸 기일이다 너무나 빠르다 면회도 오지 간디 ❨읺❩고 보고싶기도 볼수 없고 너무나 슬프다 다시는 못볼사람 인생살이 아무것도 안이다 함께 바다 가는 인생 더이상 아끼고 살지 싫다 실랑이 없으니 좋은것도 없고 우리 애기가 사방으로 대리고 다이지만 맛신는것 사주고 해도 맘안한 실랑이 없으니 텅빈가슴 쓸쓸하게 느껴진다 보고싶다 사랑해 꿈에도 안보이네 허늘나라에서 무엇을 하고 잇스까 궁금 하다 머리 속에서 떠나지 않는 사람 잠이나 들어야 잊어질까 보고싶다 기도나 많이 해야지

우리는 매일 이별하고 있는 중이다.

안녕 부탁해 오늘도

지은이 | 이가연
이메일 | souldeepsoul@gmail.com
발행처 | 도서출판 진포
발행일 | 2025년 12월 10일

ISBN | 979-11-93403-45-7

인　쇄 | 진포인쇄
주　소 | 전북특별자치도 군산시 팔마로4
전　화 | 063)471-1318

ⓒ 안녕 부탁해 오늘도
본 책은 저작자의 지적 재산으로서 무단 전재와 복제를 금합니다.